QUÉ DICEN
UNA IGLESIA EN EL PODER DEL ESPÍRITU . . .

Una iglesia en el poder del Espíritu no es solamente una teoría. Al contrario, es una realidad práctica. Estuve en primera fila (pastores ejecutivos) cuando Alton aplicó estos principios en la iglesia First Assembly, en North Little Rock. Después de treinta años de estancamiento, la iglesia creció hasta convertirse en un cuerpo de creyentes fuertes, saludables y llenos del Espíritu que triplicó su tamaño durante los quince años que Alton sirvió como líder. ¡Ya podrá imaginar lo intimidante que fue para mí seguirlo como pastor! Sin embargo, el proceso que comenzó en el 1986 continúa hasta hoy. First Assembly of God todavía sigue aplicando esos principios y ¡nuevamente ha triplicado su tamaño! No puedo prometerle que su iglesia triplicará su tamaño, pero si pone en práctica estos principios, ellos darán vida a su iglesia y a su comunidad. No importa el tamaño, el contexto, o el estilo, una iglesia en el poder del Espíritu ¡marca una gran diferencia! Este es un libro lleno del Espíritu escrito por un líder con ¡experiencia ministerial! ¡Léalo, ore por este modelo, y aplíquelo!

— Rod Loy, pastor principal, First Assembly of God, North Little Rock, Arkansas, autor de *3 preguntas*, *Obediencia inmediata*, y *Después de la luna de miel*.

Nuestro mundo del siglo veintiuno está lleno de conflictos, estancamiento religioso, cinismo secular, y opresión por la inmoralidad. Esto suena muy cercano al mundo del primer siglo que fue el contexto de la iglesia primitiva y del libro de los Hechos. Los primeros discípulos de Jesús impactaron su mundo con el poder del Espíritu y un discipulado intencional. En el libro, *Una iglesia en el poder del Espíritu*, Alton Garrison provee una manera práctica e inspiradora de experimentar el poder y el progreso en una iglesia del siglo veintiuno que forma discípulos. El enfoque bíblico, las ideas inspiradoras y las historias personales de Alton convierten este libro en una lectura obligatoria para el pastor actual lleno del Espíritu.

— **Dr. Billy Wilson, presidente de la Universidad Oral Roberts y Empowered 21; autor de *Clamor por un padre*.**

Alton Garrison es práctico; no sólo propone una teoría, sino que con gran habilidad ha dirigido a muchas iglesias y movimientos a una mayor eficacia. Ahora, esa sabiduría que ha beneficiado a miles de iglesias pentecostales, la explica de manera práctica y accesible en un libro que ayudará a muchas más congregaciones.

— **Ed Stetzer, director ejecutivo de Life Way Research**

Imagine cuán diferente sería su iglesia y comunidad si los seguidores de Jesús hicieran discípulos... que hagan discípulos... ¡que hagan discípulos! Extrayendo de su propia y valiosa experiencia, mi amigo y colega Alton Garrison nos guía a una experiencia de discipulado llena del Espíritu en la que «los creyentes laicos son libres para servir», y que transformó el mundo cristiano del primer siglo. Deje que Dios use este mensaje para despertar la esperanza de que el Espíritu puede realizar esta obra una vez más en su iglesia, en nuestro mundo, y en nuestra época. Léalo y coséchelo.

— Dr. David Ferguson, director ejecutivo, Great Commandment Network; director de Empowered 21 Equipo Mundial para el Discipulado; autor de varios libros, entre ellos *The Great Commandment Principle* y *Relational Foundations*

Alton Garrison, probablemente mejor conocido en la familia cristiana como un líder ejecutivo de un movimiento eclesiástico de constante crecimiento en la nación, en *Una iglesia en el poder del Espíritu* comparte sus desafíos y realizaciones en el ámbito pastoral, y establece sus credenciales como mentor de pastores. Este libro debe ser la lectura de todo líder interesado en un plan de desarrollo que sea bíblico, práctico, y probado. Con todo fervor, recomiendo este libro a cualquier pastor que anhele dirigir una congregación eficaz conforme al modelo Hechos 2.

— Mark L. Williams, DD, Obispo director/superintendente general de la Iglesia de Dios

Si usted está listo para que su iglesia impacte la cultura con el evangelio de Jesucristo, *Una iglesia en el poder del Espíritu* debe ser el libro que usted lea. El Dr. Garrison expone con claridad un modelo de las Escrituras juntamente con su experiencia personal para promover un crecimiento saludable y factible de la iglesia. Este es un libro que querrá tener al alcance de la mano para extraer de él un entendimiento mientras dirige, capacita, y hace participar a la próxima generación.

— Sam Rijfkogel, pastor principal, Grand Rapids First Church, Grand Rapids, Michigan

La revitalización de una iglesia que ha dejado de crecer es el principal desafío de cada movimiento cristiano. El inspirador relato de Alton Garrison de cómo el Espíritu Santo obró ese crecimiento en North Little Rock, Arkansas, provee un modelo de sabiduría y esperanza a los pastores que han sido llamados a enfrentar los desafíos de esas tareas. ¡Hay esperanza en el poder del Espíritu Santo! Aconsejo a los pastores en nuestro movimiento que lean este libro con atención y oración.

— Dr. Doug Beacham, Obispo director, Iglesia Internacional de Santidad Pentecostal; autor de *Plugged into God's Power* [Conectado con el poder de Dios]

Una iglesia en el poder del Espíritu es un recurso vital para los líderes que desean imitar la dinámica de la iglesia en Hechos 2. A partir de su extensa experiencia, Alton Garrison propone un modelo bíblico con los principios que lo ayudaron a motivar a una iglesia que había perdido su dinamismo para dirigirla a un extraordinario crecimiento. Como pastor de otros pastores, él ha influido en el crecimiento saludable de muchas iglesias a través de este modelo eficaz.

— Kermit S. Bridges, DM, presidente de Southwest University de las Asambleas de Dios

Una iglesia en el poder del Espíritu es una maravillosa herramienta para ayudar a las congregaciones a descubrir su propia cultura necesaria para propagar su desarrollo e influencia. Con una amplia experiencia personal y credibilidad, el Dr. Garrison comparte su sabiduría como líder de la iglesia a la vez que ofrece principios bíblicos sólidos de capacitación para un mayor crecimiento. De todos los recursos disponibles, ¡*Una iglesia en el poder del Espíritu* contiene los elementos esenciales para que su iglesia avance a un nuevo nivel espiritual!

— Robyn Wilkerson, pastor asociado, Trinity Church, Miami, Florida; co-fundador de Peacemakers Family Center; co-autor del libro *De adentro hacia afuera*

Alton Garrison, en su reciente libro *Una iglesia en el poder del Espíritu* expone principios sencillos para edificar una iglesia efectiva. No solamente da pasos a través de los principios espirituales para la edificación de una iglesia según el modelo en Hechos 2, sino que enseña cómo aplicarlos de manera práctica y eficaz en el ministerio, que por más de treinta años han probado su productividad. Alton se basa en las cinco funciones bíblicas que son necesarias para que la iglesia sea efectiva según el relato de Lucas en el Nuevo Testamento. Con años de experiencia en la práctica de estos cinco principios, no hay nadie en el ministerio actual más calificado que Alton para enseñar este mensaje de avance.

— Matthew Barnett, co-fundador del *Dream Center*, Los Ángeles, California; autor de *La causa dentro en ti, Misfits Welcome* [Bienvenidos los inadaptados] *God's Dream for You* [El sueño de Dios para tu vida] y *The Church That Never Sleeps* [La iglesia que nunca duerme]

Alton Garrison

UNA IGLESIA EN EL

PODER DEL ESPÍRITU

UN MODELO DE MINISTERIO
SEGÚN HECHOS 2

02-8004
ISBN: 978-1-68154-024-5

20 19 18 • 3 4 5
Impreso en los Estados Unidos de América

UN MODELO DE MINISTERIO SEGÚN HECHOS 2

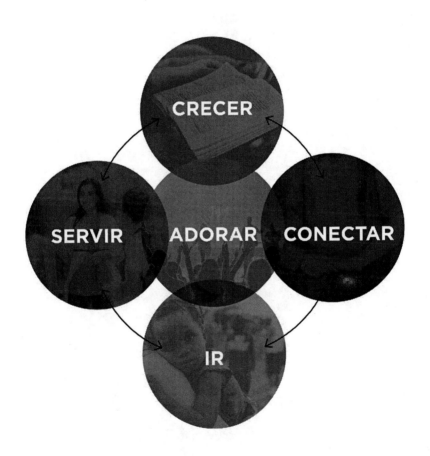

ÍNDICE

Prefacio   13
Introducción   17

UNIDAD I   NUESTRO DESAFÍO
Capítulo 1   El proceso que falta   19
Capítulo 2   El cambio es posible   31
Capítulo 3   El sacerdocio de los creyentes   45
Capítulo 4   La esperanza   55
Capítulo 5   Investidos de poder   63

UNIDAD II   DESCUBRAMOS EL CORAZÓN DE DIOS
Capítulo 6   La formación de discípulos
              llenos del Espíritu   75
Capítulo 7   Evaluación   87
Capítulo 8   Misión   95
Capítulo 9   Visión   105
Capítulo 10   Valores esenciales   115

UNIDAD III   TRANSFORMÉMONOS EN
              UNA IGLESIA HECHOS 2
Capítulo 11   El equilibrio entre la espiritualidad y
              la estrategia   131
Capítulo 12   Conectar   141
Capítulo 13   Crecer   157
Capítulo 14   Servir   179
Capítulo 15   Ir   193

Capítulo 16	Adorar	213
Capítulo 17	Unamos todos los elementos	225
Epílogo	Una esperanza renovada	229
Notas		235
Apéndice:	Cuarenta indicadores de	
	un discípulo lleno del Espíritu	237
Reconocimientos		249
Acerca del autor		251

PREFACIO

Olvídese de Harry Potter y Hogwarts. Sabemos muy bien que hay espíritus que se mueven en las comunidades del mundo actual. El espíritu del Faraón mantiene a las personas sometidas bajo la esclavitud del Egipto espiritual y el temor. El espíritu de Goliat todavía se burla e infunde temor en los hijos de Dios. El espíritu de Jezabel todavía hace que hombres y mujeres se oculten en cuevas de perversión sexual y otros pecados inconfesables. El espíritu de Absalón quebranta los hogares, las iglesias, y las relaciones, mientras que el espíritu de Herodes mata a los pequeños por causa del aborto, la violencia, la pobreza, y el tráfico sexual, y destruye los buenos sueños y la visión de jóvenes piadosos.

Sin embargo, hay un Espíritu mucho más poderoso que estas fuerzas combinadas. En medio del relativismo moral, la decadencia cultural, la apatía espiritual, y la tibieza de la iglesia, el espíritu más poderoso que vive hoy no es el de Faraón, Saúl, Absalón, Goliat, Jezabel o Herodes; el espíritu más poderoso sobre el planeta no es otro que el Espíritu Santo del Dios todopoderoso, el Consolador. Como anunció el profeta: «No será por la fuerza ni por ningún poder, sino por mi Espíritu —dice el Señor Todopoderoso—» (Zac. 4:6).

Jesús no dijo: «Sed tocados, acariciados, motivados o entusiasmados por mi Espíritu». A través de Pablo, Dios dijo: «sean llenos del Espíritu» (Ef. 5:18). ¿Por qué? Porque el Espíritu de

Dios nos da poder para vivir en libertad (2 Co. 3:17). El Espíritu nos capacita para que experimentemos el gran poder de Dios (Hch. 1:8). El Espíritu de Dios nos capacita con la seguridad de su constante consuelo (Jn. 14:26), mientras enriquece nuestra vida con santidad (2 Tes. 2:13).

La oportunidad de ser llenos de la tercera persona de la Trinidad requiere atención inmediata. Todos los seguidores de Cristo deben adoptar la poderosa vida en el Espíritu mediante su sangre expiatoria. Con justa elocuencia y voz profética, Pablo explicó: «Y si el Espíritu de aquel que levantó a Jesús de entre los muertos vive en ustedes, el mismo que levantó a Cristo de entre los muertos también dará vida a sus cuerpos mortales por medio de su Espíritu, que vive en ustedes» (Ro. 8:11). En esencia, de simplemente ocupar un espacio en este planeta el Espíritu de Dios nos lleva a una vida que se caracterice por la abundancia del fruto del Espíritu; no solo existimos, sino que gozamos de vida plena.

Cuando Jesús preguntó a sus discípulos quién pensaban ellos que era él, Pedro no identificó a Cristo como simplemente el Hijo de Dios. Más bien, Pedro dijo: «Tú eres el Cristo, el Hijo del Dios viviente» (Mt. 16:16). ¿Por qué Pedro no se conformó con decir «el Hijo de Dios»? ¿Por qué Pedro tuvo que agregar un modificador? El Espíritu Santo fue quien dirigió su respuesta. Seguimos a un Salvador vivo, que se comunica con nosotros y nos reviste de poder; no un Dios inherte, sepultado, como una estatua de mármol, o una pieza de museo, sino un Dios «vivo».

Con toda humildad debemos preguntarnos: Si Él es un Dios vivo, ¿qué clase de iglesia debemos ser? ¿Qué clase de familias debemos tener? ¿Qué clase de lenguaje debemos hablar? ¿Qué clase de pensamientos debemos tener? ¿Qué clase de vida debemos llevar? Jesús da la respuesta: «Yo he venido para que tengan vida, y la tengan en abundancia» (Jn. 10:10).

De las páginas de las Escrituras a los titulares de hoy, entendemos que el conformismo actual es la esclavitud de mañana. En otras palabras, no hay tal cosa como un cristianismo cómodo.

El Dr. Garrison es mi querido amigo y la voz principal en el cristianismo respecto al crucial tema del discipulado. Él afirma profunda y enfáticamente: «Una iglesia existe para *conectar, crecer, servir, ir, y adorar*».

Una iglesia en el poder del Espíritu, una iglesia viva, santa, y saludable, permanece firme para levantar un muro se levanten con convicción y valor, y declaren: Por cada Faraón, debe haber un Moisés. Por cada Goliat, debe haber un David. Por cada Nabucodonosor, debe haber un Daniel. Por cada Jezabel, debe haber un Elías. Por cada Herodes, debe haber un Jesús. Por cada Diablo que se levante contra nosotros, hay un Dios poderoso que se levanta por nosotros.

La iglesia de Jesucristo no es una institución común y corriente. No somos Google, Ford, Microsoft, o Starbucks. Somos la Iglesia de Cristo, investidos por su Espíritu Santo; las puertas del infierno no podrán cerrarse ni prevalecer contra nosotros.

¡Seamos llenos del Espíritu Santo!

— Rev. Samuel Rodríguez, presidente de la Conferencia Nacional de Líderes Cristianos Hispanos, Elk Grove, California

INTRODUCCIÓN

Jesucristo es la esperanza del mundo, y como señal de su maravillosa gracia, nos ha escogido para que seamos sus colaboradores para alcanzar, redimir, y restaurar a un mundo perdido y debilitado. La iglesia no es los edificios, ni un negocio, ni los programas. La iglesia es la gente, los individuos que forman el cuerpo. Somos las manos de Dios, los pies, y la voz para las personas que nos rodean... y aquellas alrededor del mundo.

Cada uno de nosotros es parte del Cuerpo, y juntos tenemos el mandato de obedecer la voluntad final de Jesús mientras estuvo en la tierra: vayan por todo el mundo para compartir las buenas nuevas y hacer discípulos.

Solos, esto es imposible. Juntos y llenos del Espíritu Santo, no solamente somos capaces sino ungidos para compartir el evangelio con cada grupo étnico del planeta.

Este libro trata de la iglesia, pero la iglesia está compuesta de individuos como usted y yo. Ella comienza con una, sólo una persona que decide ser un discípulo de Cristo, inspirada por el Espíritu, participa en la Gran Comisión para alcanzar a las personas con el transformador mensaje del evangelio de gracia y movida por el gran mandamiento de amarnos los unos a los otros.

Amigo, usted es la esperanza del mundo porque es parte de la iglesia. Juntos inspiraremos esperanza a un mundo debilitado conforme aprendamos la importancia de *conectar, crecer, servir, ir,* y *adorar* en obediencia al modelo de Hechos 2 que siguió la iglesia primitiva del siglo primero.

UNIDAD I
NUESTRO DESAFÍO

1 EL PROCESO QUE FALTA

Mi padre era un alcohólico que no había terminado la escuela secundaria. Antes de que yo naciera, cuando tenía treinta y seis años de edad, su adicción estaba arruinando su vida. Cuando mi madre quedó embarazada, lo cual los médicos habían dicho que sería imposible, fue una gran sorpresa para él. Ellos tenían siete años de matrimonio pero no habían podido tener hijos. Mi padre trabajaba en la petrolera y mi madre era doce años menor que él. Él introdujo a mi madre al estilo de vida de un alcohólico, y con el paso de los años, varias veces perdió el trabajo porque no podía controlar su adicción a la bebida.

Muchas veces mi padre había intentado dejar de beber y lo hizo nuevamente cuando supo del embarazo de mi madre, pero no tuvo éxito. Todos habían perdido la confianza en mi padre por sus muchas promesas incumplidas. Él sabía que en su condición actual nunca sería un buen padre, pero parecía incapaz de cambiar.

Poco después de enterarse del embarazo de mi madre, ambos regresaban a casa después de una celebración de 4 de julio. Mi padre había estado bebiendo, y mientras conducían por una vía rural de Texas, repentinamente comenzó a sentir un dolor en el pecho.

Su primer pensamiento fue que moriría sin haber visto a su hijo. Lo segundo que pensó era que estaba sufriendo un ataque al corazón, y aunque tuvo temor de morir, también temió que si moría mientras conducía, mataría o lesionaría a mi madre y al niño que esperaba.

Sin decir palabra, comenzó a frenar para mitigar el impacto. Pensaba que si moría colapsaría contra el volante y que el vehículo se detendría. No dijo nada a mi madre, pero mientras se aferraba al volante, susurró una oración: «Dios, no sé cómo orar, pero mi madre solía orar. Si oíste su oración, quizás oigas la mía. Salva mi vida para que vea a mi hijo. Sálvame, y si alguna vez vuelvo a tomar una gota de licor mientras viva, quiero que me envenenes y me dejes morir».

Papá nunca había cumplido una promesa de mantenerse sobrio, pero en su misericordia, Dios pasó por alto sus fracasos anteriores y falsas promesas y lo salvó, lo sanó, y lo liberó de la adicción al alcohol.

A partir de ese día, nunca más volvió a tomar.

FALTA DE UN PROCESO

Mi padre se convirtió plenamente y asombrosamente a Cristo y fue liberado de su alcoholismo. Sin embargo, la transformación no terminó allí. Aproximadamente seis meses después de mi nacimiento, papá fue designado pastor de una pequeña iglesia, después de menos de un año de su conversión a Cristo.

Nunca antes había predicado siquiera un sermón.

Él y mi madre pastorearon esa pequeña iglesia en Sour Lake, Texas, por veintidós años. Durante ese tiempo, Dios usó la experiencia de salvación de mi padre y un mensaje que puso en su corazón para cambiar vidas.

Mi padre comenzó su ministerio con una experiencia sobrenatural, pero durante su ministerio no vio un gran éxito en números. Dudo que alguna vez hayamos tenido más de cien personas en esa pequeña iglesia, incluso en los días de Semana Santa o de gran avivamiento cuando se llenaba cada noche. ¡Nuestra iglesia apenas tenía asientos para noventa personas! Mi padre sentía un gran amor por el mensaje del poder del Espíritu que la iglesia había recibido durante el Pentecostés. Mi padre fue un pastor que comprendió la maravillosa gracia de Dios. Él ayunaba y oraba; era sincero y dedicado. Con frecuencia enseñó acerca del poder del Espíritu, y aunque tuvo una experiencia con Cristo y un mensaje para compartir, le faltaba algo. No era que estuviera equivocado; simplemente no tenía una comprensión plena.

Lo que le faltaba era un *proceso*.

Sé lo que es esforzarse y sentirse muy confundido. Cuando asumí como pastor de la iglesia First Assembly of God en North Little Rock, Arkansas, en 1986, seguí el ejemplo de mi padre. Yo había sido evangelista por dieciocho años, tenía la experiencia pentecostal y el mensaje. Cuando compartí mi experiencia y comencé a predicar un mensaje en el poder del Espíritu, vino el avivamiento.

Pero me faltaba algo.

Sabía cómo predicar un sermón, cómo hacer un llamado al altar, y cómo ayudar para que mi congregación recibiera bendición, pero de todo lo que mi padre me había enseñado, nunca me dijo cómo guiar una congregación de su condición presente a donde debería estar.

Papá no tuvo un proceso, ni tampoco yo.

Esto no quiere decir que necesitara de un proceso moderno, nuevo y particular para edificar una iglesia saludable. Yo necesitaba meditar en cómo Dios obró cuando estableció la iglesia primitiva. Yo necesitaba una iglesia completamente al estilo de Hechos 2, no solamente la experiencia y el mensaje, sino también un proceso y un plan. Mi ministerio y nuestra iglesia necesitábamos un proceso que nos mostrara cómo la iglesia del primer siglo pudo convertirse eficazmente en el cuerpo de creyentes del siglo veintiuno. Esta comprensión y proceso cambió muchas vidas, además de la mía y de muchos en la iglesia donde fui pastor y la denominación en la cual hoy sirvo.

Cuando lea este libro, es posible que usted sienta que está en la misma condición en que estuvimos mi padre y yo. Aunque usted sea sincero, dedicado, comprometido, espiritual y fiel, quizás sentirá que algo le falta.

Creo que a muchos nos falta una mejor comprensión de la obra del Espíritu Santo en la iglesia del primer siglo. La iglesia primitiva impactó al mundo conocido de entonces, porque anduvo conforme al plan de Dios y cumplió la obra del ministerio como una generación escogida y como real sacerdocio. Ciertamente, enfrentó problemas, pero a pesar de ellos, la iglesia del primer siglo cambió el mundo de ese entonces.

Estoy convencido de que la iglesia que Lucas describe en Hechos 2 es el modelo, el plan, y el proceso que Jesús diseñó para la iglesia en la tierra.

Lo mejor es que cualquiera puede hacerlo. Esta visión no depende del tamaño de su iglesia, su ciudad, o su cuenta bancaria. Ella depende únicamente de nuestro Dios infinito para quién todas las cosas son posibles.

EL MODELO HECHOS 2

En 1988, comencé a reflexionar en un proceso estratégico que eventualmente se convirtió en el proceso Hechos 2. No soy una persona muy creativa, pero soy conceptual, puedo razonar y realizar una idea. Por esto, desarrollé el material que descubrí en el relato de Lucas acerca de la iglesia primitiva.

Este proceso no es algo del cual solo he leído; es algo que he *vivido*. Es algo que he desarrollado mientras dirigía una iglesia que había dejado de crecer por treinta años, y todo comenzó mientras examinaba las cinco funciones que Jesús empleó como base de la iglesia primitiva.

Jesús dijo a los discípulos que esperasen en Jerusalén, «hasta que el Espíritu Santo venga y los llene con poder del cielo» (Lc. 24:49, NTV). Después dijo, «pero recibirán poder cuando el Espíritu Santo descienda sobre ustedes; y serán mis testigos, y le hablarán a la gente acerca de mí en todas partes: en Jerusalén, por toda Judea, en Samaria y hasta los lugares más lejanos de la tierra» (Hch. 1:8, NTV). Luego en Hechos 2:4, ellos tuvieron una experiencia sobrenatural, el Pentecostés. En Hechos 2:5–41, Pedro, poniéndose de pie ante los judíos curiosos, comenzó a explicar lo que estaba sucediendo; él predicó el mensaje.

El contenido del proceso que Dios estaba concibiendo en mi corazón se encuentra en Hechos 2:42–47:

> Se mantenían firmes en la enseñanza de los apóstoles, en la comunión, en el partimiento del pan y en la oración. Todos estaban asombrados por los muchos prodigios y señales que realizaban los apóstoles. Todos los creyentes estaban juntos y tenían todo en común: vendían sus propiedades y posesiones, y compartían sus bienes entre sí según la necesidad de cada uno. No dejaban de reunirse en el templo ni un solo día. De casa en casa partían el pan y compartían la comida con alegría y generosidad, alabando a Dios y disfrutando de la estimación general del pueblo. Y cada día el Señor añadía al grupo los que iban siendo salvos.

En este pasaje, el Espíritu Santo comenzó a explicar el proceso de cómo nos movemos de un modelo de templo a un modelo de iglesia. Antes de Cristo, el templo había sido el centro de la vida del pueblo judío. Allí, el pueblo de Dios leía las Escrituras, oraba, se animaban unos a otros, y adoraban a Dios. El edificio fue construido y adornado con sumo cuidado. Este era el lugar donde el cielo se unía con la tierra. El lugar santísimo era el santuario interior donde residía la *Shekina*, la gloria de Dios. Sin embargo,

> El día de Pentecostés sucedió algo maravilloso e impresionante: ¡Los creyentes en Cristo se convirtieron en el punto de reunión del cielo y la tierra!

cuando Jesús murió en la cruz, el grueso velo que cubría el lugar santísimo se rasgó de arriba abajo. La presencia de Dios quedó al descubierto y a disposición de todos los que creen en Él. Entonces, en el día de Pentecostés sucedió algo maravilloso e impresionante: ¡Los creyentes en Cristo se convirtieron en el punto de reunión del cielo y la tierra!

Décadas después, Pablo explicó que nuestro cuerpo es templo del Espíritu Santo (1 Co. 6:19). Libres de un lugar, todos los creyentes y toda reunión de creyentes se convirtió en el punto de reunión del cielo y la tierra, y ahora todos los cristianos son sacerdotes que aman, sirven, y adoran a Dios en palabras y obras. La evangelización, el discipulado, la comunión, el ministerio (servicio), y la adoración deben ser los ministerios de una iglesia eficaz, llena del Espíritu, que son las cinco funciones fundamentales del proceso según Hechos 2: *conectar, crecer, servir, ir,* y *adorar!*

LAS CINCO FUNCIONES

Un plan bíblico, comprensivo, y estratégico requiere del poder del Espíritu para producir fruto espiritual en la vida de las personas. El plan se basa en las cinco funciones. Por tratarse de un proceso más que un destino, los conceptos que encontramos en Hechos 2:42–47 los expresamos como verbos, funciones que se conviertan en pasos:

- **Conectar**: comunión y evangelismo
- **Crecer**: discipulado

- **Servir**: dones del ministerio, alcance, edificación del cuerpo, atención de la comunidad
- **Ir**: discipulado, evangelización, misiones
- **Adorar**: alabanza congregacional, oración, enseñanza, y cantos

Demos un vistazo rápido a cada uno de estos puntos para captar nuestra comprensión de ellos.

Conectar

Conectar se centra en las relaciones de la vida en dirección vertical y horizontal. Con ella comienza el proceso de la salvación y continúa con el establecimiento de relaciones espiritualmente fuertes. Las relaciones en sentido vertical se centran en el proceso que conecta a las personas con Dios en todos los aspectos de la vida. Las relaciones en sentido horizontal crean un ambiente para la edificación mutua entre los creyentes. Las relaciones horizontales se basan en las conexiones en cada ámbito de la vida: la familia, la iglesia, la comunidad local y global.

Crecer

Crecer se refiere al discipulado. Es la manera en que su iglesia promueve la formación espiritual de la vida de las personas, los equipos de ministerio, y la congregación. Trata de responder la interrogante: «¿Cómo nos asemejamos más a Jesús?» *Crecer* se centra en la creencia y la conducta, pero conectar se basa en la relación.

Servir

La Biblia enseña que al convertirnos en hijos de Dios, también nos volvemos sacerdotes, representantes de Dios ante quienes nos rodean. Muchos cristianos nunca han oído esta maravillosa verdad, y su disposición y deseo de servir se nubla por la confusión y el deseo de recibir gloria. Las iglesias de todos los tamaños necesitan cambiar para que los adherentes laicos sean algo más que meramente espectadores; cada uno de ellos debe ser colaborador en el ministerio de su iglesia. Este es el punto donde aparece el componente del servicio. Conforme ayudamos que las personas descubran sus dones y habilidades y cuáles son sus áreas de interés y sensibilidad, podemos guiarlas también a servir a Dios y a las personas que los rodean según las capacidades que tengan. Servir tiene que ver con dar una oportunidad para que las personas usen sus dones y habilidades y encuentren su lugar en el ministerio.

Ir

Ir se refiere a la evangelización, alcanza a los que están cerca y a los que están en lugares remotos de la tierra. El componente de la evangelización prepara y capacita a las personas para que compartan su fe y acepten la misión que Dios le ha encomendado a ellos y a la iglesia local. Ir, no solamente se centra en el poder de la evangelización, también ofrece dirección para la misión que cumplimos de manera individual y como cuerpo, incluyendo las misiones al extranjero y las que cumplimos en nuestro propio país, las misiones a nivel mundial de largo plazo, las oportunidades de mayordomía, la edificación de relaciones con los misioneros, y la comprensión de una perspectiva global. Ella pone gran énfasis en la evangelización relacional. Este es el punto donde la iglesia centra más en lo externo en vez de permanecer centrada sólo en lo interno, lo cual es muy importante.

Adorar

Adorar es la proximidad y la realidad de la presencia de Cristo cuando los líderes y la congregación perciben el carácter y el poder de Cristo en las personas con las que se conectan a diario y colectivamente en la familia de la iglesia. La adoración es más que la música, aunque esta sea un componente. La adoración incluye la oración y la poderosa proclamación de la Palabra.

Estas cinco funciones proveen el marco necesario que nos ayuda a descubrir el plan de Dios y a entender cómo usar la comunión, el discipulado, el ministerio, la evangelización, y la adoración.

NO ES LO UNO O LO OTRO

Estas funciones son el plan original de Dios para la iglesia. Nuestro Señor diseñó un plan, un proceso, pero éste debía llevarse a cabo solamente en el poder del Espíritu Santo. Algunos líderes suponen equivocadamente que es lo uno o lo otro, usamos estrategias y un plan o somos espontáneamente guiados por el Espíritu. Sin embargo no es así; se trata de *ambos*, lo uno y lo otro. Algunos pastores no son partidarios de planear, de modo que deciden optar por expresiones espirituales espontáneas. Otros líderes dedican mucho tiempo a sus planes y no dejan lugar para la dirección que viene de Dios o para su poder transformador. Para que una iglesia se convierta en lo que Dios tiene para ella, ambos son esenciales. La iglesia primitiva recibió el poder del Espíritu, pero Jesús tenía un plan para los que quedaron en la tierra. Jesús les *reveló* ese plan a través del poder de su Espíritu, y Jesús *cumplió* el plan mediante el poder del Espíritu.

Toda iglesia, pequeña o grande, urbana o rural, nacional o internacional, y con cualquier mezcla étnica, necesita el poder del Espíritu *y* un proceso de crecimiento. Las experiencias espirituales son maravillosas, pero sin un plan, el líder no sabrá cómo guiar su iglesia de su condición presente a donde debe estar.

En Hechos 2 Jesús fue el fundamento de la iglesia primitiva y el Espíritu Santo su poder. Si deseamos tener iglesias saludables hoy, también necesitamos el mismo fundamento y el mismo poder.

En Hechos 2 Jesús fue el fundamento de la iglesia primitiva y el Espíritu Santo su poder.

El poder del Espíritu Santo es necesario para que seamos más de lo que hoy somos. La unción nos ayudará a decir más de lo que en realidad sabemos. La unción también nos ayudará a hacer más de lo que realmente podemos. Necesitamos todo esto si en realidad queremos ser ministros aptos del evangelio.

Si queremos iglesias saludables, debemos aceptar la fuente de poder que capacitó a la iglesia del primer siglo para que fructificara en medio de la feroz persecución. Cuando la iglesia aceptó estas cinco funciones bajo el poder del Espíritu, comenzó a experimentar un crecimiento notable. Hemos refinado nuestra propia comprensión del proceso mediante el trabajo con centenares de iglesias a través de lo que denominamos las conferencias Hechos 2, que son múltiples experiencias durante los fines de semana para los pastores y sus equipos donde les ayudamos a comprender el proceso Hechos 2. Estamos viendo grandes resultados a medida que la confianza de los pastores aumenta porque se sienten mejor capacitados, sus equipos se unifican en torno a una misma visión, y sus iglesias experimentan un impacto profundo. En resumen, lo que dio resultado para la Iglesia del primer siglo todavía da resultado hoy porque el Constructor, Cristo, usó un buen modelo cuando fundó su iglesia de la que leemos en Hechos 2.

El proceso Hechos 2 en este libro es para los pastores y los miembros de sus «equipos de visión», la personas en posición de liderazgo en su iglesia, para ayudarlos (y a usted) a entender el proceso que mi padre y yo y muchos otros pastores no tuvimos.

Este libro trata cómo tener una iglesia conforme al modelo que Jesús estableció, la misma iglesia que emergió victoriosa de una feroz persecución para propagar el mensaje del evangelio al mundo conocido de ese entonces.

El proceso que Dios me reveló en Hechos 2 es bíblico, transmisible, e imitable. Puede operar con éxito en zonas rurales, urbanas, y en suburbios. Se puede aplicar a iglesias grandes y pequeñas, iglesias saludables y poco saludables. ¿Por qué? Porque no es mi modelo sino el modelo que Cristo estableció. Dio fruto en la iglesia donde fui pastor, y ha dado fruto para muchos otros. Este modelo puede producir fruto en su iglesia también.

2 EL CAMBIO ES POSIBLE

Si está leyendo este libro, posiblemente anhela crear un ambiente para que las personas de su iglesia puedan gozar de salud y crecer. Quizás, usted ha estado en conferencias donde los expertos le aconsejaron cómo aumentar el tamaño de su iglesia, pero las últimas técnicas produjeron un resultado desalentador. O quizás sus líderes se han opuesto a sus ideas y sus esfuerzos. Es posible que se sienta agotado de tanto intento y ver pocos resultados. Cualquiera sea la razón, usted anhela algo más. Desea que Dios haga algo que solo Él puede obrar en usted y a través de usted. Está listo para una iglesia dinámica. Está listo para un discipulado eficaz, un nuevo enfoque externo, y la experiencia del poder del Espíritu Santo. Está listo para servir de inspiración a sus colaboradores con el fin de que cumplan un ministerio eficaz y comprometido.

Si este es su caso, usted se encuentra donde estuve yo cuando Dios comenzó a mostrarme cómo su proceso Hechos 2 dio tan buen resultado para la iglesia primitiva. Hay solo un problema: el plan que Dios tiene para nosotros requiere de algo que generalmente resistimos.

El cambio.

Tardé dos años entender que necesitaba el valor para cambiar, tenía que buscar un proceso. Tenía que estar dispuesto a cambiar la manera en que había hecho las cosas. Tenía que confiar en

Dios, pero también tenía que dar tiempo para que el proceso se desarrollara y diera fruto.

Una de dos cosas sucederá cuando enfrentemos la necesidad de cambiar. Lo aceptaremos o trataremos de justificar nuestras decisiones y resistiremos el cambio. Reconocer que necesitamos cambiar puede ser la parte más difícil de este proceso. La disposición a reconocer que debemos hacer las cosas de manera diferente es uno de los principales desafíos que enfrentamos en el proceso Hechos 2.

La necesidad de cambio es el mayor obstáculo que impide que llegue la renovación a su vida y su iglesia. Muchos líderes están convencidos de que el problema es la gente, pero las personas no siempre son el problema. Tenemos miedo de guiar las personas al cambio, pero en realidad somos nosotros, como líderes, los que primeramente debemos experimentar el cambio en nuestra vida.

Hemos visto lo que sucede cuando líder tras líder e iglesia tras iglesia acepta su necesidad de cambio y reconoce que el Señor los está guiando en un proceso de renovación.

Tenía treinta y nueve años de edad cuando Dios me mostró que tenía que cambiar. No sabía entonces qué debía hacer, pero Dios estaba a punto de mostrarme la manera. Acepté que necesitaba hacer un ajuste y Dios proveyó los recursos para que avanzara. Creo que sí yo puedo tener valor para cambiar, usted también puede tenerlo.

Dios nos ofrece esperanza. La esperanza de que el plan de Dios para nuestro futuro es mayor que nuestros recuerdos de ministerios pasados.

¿TIENE USTED VALOR PARA CAMBIAR?

Tenga la seguridad ahora mismo: cualquiera que sea su situación, usted no está solo. Es posible que su situación sea única, pero los problemas que todos enfrentamos en realidad son muy comunes. Todos luchamos. Todos tenemos dificultades, tropiezos, y crisis, pero a través de todas esas circunstancias, es imperativo que avancemos. Si queremos seguir teniendo el mismo resultado del pasado, podemos seguir haciendo lo mismo. Sin embargo, si queremos que ocurran cambios, debemos dar pasos con sabiduría y denuedo hacia una nueva dirección.

Si queremos resultados nuevos, tenemos que cambiar lo que hacemos. Esto es lo que trata este libro, el proceso de avanzar hacia adelante y la esperanza de que las cosas *pueden* cambiar, como también lo que Hechos 2 nos dice acerca de estos cambios.

> Si queremos resultados nuevos, tenemos que cambiar lo que hacemos.

Si ha tratado de cambiar antes y ha fracasado, puede que ahora mismo este leyendo con desconfianza. Tal vez piense que ha probado nuevos planes, nuevos programas, y nuevas maneras de hacer las cosas antes, todos lo cual posiblemente ha fracasado o no ha tenido el éxito que anheló. Quiero asegurarle que el cambio es posible. A través de los años, he visto líderes de todo tipo de iglesias que han tenido el valor de ser objetivos acerca de su situación actual y han dado los pasos a un futuro mejor. Estos hombres y mujeres combinan profunda humildad y la bravura de un león.

Ellos no han estado dispuestos a conformarse con nada menos que lo mejor de Dios, y él les dio dos cosas esenciales: un sentido más profundo de su amor y poder y un plan claro y realizable.

Confiar en el Espíritu y seguir el plan divino nos pone en contacto con la mente y el corazón de Dios, tenemos revelaciones de su verdad, el poder de amar y perdonar, el valor de hablar la verdad, y la humildad de amar a las personas difíciles. Ya no nos sentimos confundidos, frustrados ni indefensos. Finalmente, nos damos cuenta de que no estamos solos. Estamos en sintonía con el plan y el poder de Dios, y además nuestra visión atrae a las personas que desean que su vida tengan relevancia.

Conozco ambos lados de esta experiencia. He estado ahí, y he aprendido las lecciones que Dios ha querido enseñarme. Quisiera compartir con usted lo que he aprendido. No se trata de que he estado haciendo algo mal; simplemente no tenía todos los elementos.

Quizás usted esté en la misma condición en que yo estuve y donde muchos pastores han estado, buscando las piezas perdidas y pensando que el cambio es imposible. Bien, permítame mencionar ahora mismo lo que Dios pide que hagamos, es imposible que copiemos la experiencia de la iglesia primitiva del primer siglo. Es completamente imposible, *si* dependemos de nuestra propia confianza, intelecto, y esfuerzo humano.

Una mirada a través del Nuevo Testamento revela ejemplos contemporáneos de lo que Dios hizo con situaciones imposibles. Cada vez que Dios obraba sabia y sobrenaturalmente, era precedido por un líder o proceso.

No sugiero que su iglesia necesite un nuevo pastor, lo que defiendo es que cada uno de nosotros puede ser un nuevo líder al aceptar el cambio. Podemos ser transformados por el poder del Espíritu, y así cambiar el ambiente de nuestras iglesias y congregaciones con el mismo plan de Dios que empleó para transformar la iglesia del primer siglo.

Amigo, el cambio es posible. Dios lo hizo antes. Dios transformó a los creyentes judíos en seguidores de Cristo, y puede fortalecer las iglesias de hoy con el poder del mismo Espíritu que levantó a Cristo de entre los muertos.

¿DÓNDE COMIENZA EL CAMBIO?

Quiero citar algunos cambios que tuve que enfrentar y cómo lo logré. Es fácil concebir la idea equivocada respecto a dónde comienza el cambio. Es fácil pensar que el cambio debe comenzar con las personas y con el temor de que no podremos motivar a las personas a cambiar.

¿Cuántas iglesias pequeñas son guiadas particularmente de abajo hacia arriba, son administradas desde los asientos? El pastor debe capacitar a los santos para que realicen la obra del ministerio, pero con mucha frecuencia, tenemos el pensamiento errado de que los pastores reciben un sueldo para ministrar y todos los demás están ahí para ayudarlo. En realidad, es lo contrario, de lo cual hablaremos con más detalles en el próximo capítulo.

Aunque los miembros de la junta oficial de la iglesia o ciertas personas de alguna familia influyente resistan lo nuevo, el cambio de paradigma realmente debe comenzar con los líderes. Los líderes deben asimilar lo que llamamos «el sacerdocio de todos los creyentes», y cuando esta comprensión de quién debe ministrar sea la adecuada, entonces podremos capacitar a nuestra congregación.

> Cuando esta comprensión de quién debe ministrar sea la adecuada, entonces podremos capacitar a nuestra congregación.

Esto fue lo que sucedió en la junta oficial de First Assembly en North Little Rock. Después de haber estado ahí por casi dos años, el vicepresidente de la junta de la iglesia expresó que no le gustaba mi empeño en cambiar el ministerio del púlpito a las bancas, y de que facultara a la congregación como sacerdotes y obreros asociados.

Cuando asumí como pastor de First Assembly en 1986, teníamos una junta de nueve personas. Los pastores que habían estado frente a la iglesia habían durado un promedio de nueve meses, la tendencia era alarmante. Mi predecesor había estado ahí solo doce meses, el anterior había servido como pastor durante treinta y seis meses, y el anterior a éste, sesenta meses. En efecto, durante este período, la junta oficial se había vuelto muy participativa en el gobierno de la iglesia.

El vicepresidente de la junta era un hombre llamado Bill. Él era un acaudalado empresario que conducía un vehículo muy caro, y había sido muy influyente para que yo llegara a la iglesia. Mi predecesor se había reunido frecuentemente con Bill, pero no fue así conmigo, y aunque al final nos hicimos amigos, pude notar que había una cierta crisis. Yo sabía que algo andaba mal varios meses antes que él me encarara, y sospeché que tenía que ver con el plan estratégico que yo había comenzado a desarrollar.

Aunque había sido un evangelista por dieciocho años, todavía tenía que viajar ocasionalmente para dar conferencias, y el acuerdo que tenía con la iglesia acerca del viaje y los materiales que mi ministerio requería aparentemente eran una molestia para él. Finalmente, una noche me enfrentó al respecto.

En realidad, la verdadera causa era algo más que mi calendario de viaje o los recursos para el ministerio: ¿Quién dirigiría la iglesia y qué rumbo seguiría? Yo estaba dirigiendo la iglesia en una nueva dirección, estableciendo la visión, y comenzando a desarrollar un plan estratégico, pero durante años la junta oficial había gobernado la iglesia. Bill se encontraba entre aquellos que no querían perder ese poder.

¿Ocurriría el cambio? ¿Predominaría la dirección que Dios me estaba mostrando, o la junta oficial mantendría las cosas tal como siempre?

«Creo que has mal interpretado algo», dijo Bill en esa fatídica reunión de junta oficial. «Te trajimos aquí para que predicaras, pero nosotros gobernamos esta iglesia». Manifestó que ellos no estaban de acuerdo en que yo saliera con tanta frecuencia ni que ganara dinero de la venta de los materiales de mi ministerio.

Le pedí que me aclarara lo que acababa de decir, y Bill comenzó a entrar en más detalles de lo que pensaba que yo hacía mal y cómo estaba equivocado en lo que estaba haciendo. Cuando terminó, pidió que los demás de la junta dijeran lo que sentían respecto a mí.

EL CAMBIO ES POSIBLE   37

Le dije: «No, tú me has dicho como te sientes. Ahora, soy yo quien dirá lo que siento. Cuando yo termine, los demás podrán hablar». Le respondí que el modelo de gobierno de la iglesia no era mejor que mi modelo, simplemente porque no es bíblico. Yo no estaba ahí para imponer ni someterme a una dictadura sino para realizar un esfuerzo conjunto. Compartí mi convicción de que Dios diseñó la iglesia para que fuera guiada por un pastor, no un comité.

Después me referí a la raíz del problema: como pastor, yo quería capacitar a los santos para el ministerio, mientras que Bill quería que fuera un asalariado que cumpliera todas las labores del ministerio. «Estoy dispuesto a morir por esta iglesia. ¿Estás tú dispuesto a hacerlo?», le pregunté a Bill cuando terminé.

Esta discusión fue fuerte porque alguien que había estado en control hasta ese momento sentía la amenaza de perder ese control. El cambio amenazó a Bill y a los demás integrantes de la junta oficial.

Antes de que usted piense que soy ese tipo de persona agresiva, que siempre quiere «aclarar las cosas», quiero que sepas que nunca levanto la voz o me enojo fácilmente. Sin embargo, en ese momento estaba luchando por la vida de esa iglesia, y si no ganaba la batalla, la iglesia seguiría estancada como estaba cuando llegué.

«Ahora, todos pueden decir lo que sientan», le dije a Bill, «y si todos están de acuerdo contigo, esta es mi última noche aquí». En todos mis años de ministerio, esta fue la única vez que expresé un ultimátum y que he hecho esta clase de dramática declaración.

Esa iglesia no tendría salud ni crecería si el cambio no comenzaba en la junta oficial. Quiero contarles cómo terminó la reunión. Todos hablaron, y expresaron lo que sentían. Algunos lloraron, y el ambiente cambió de la confrontación a una reunión de oración.

Un miembro que había estado en la junta por más de cuarenta años y que era partidario de mi venida a la iglesia, había salido de su jubilación para participar en la junta y ayudarme a comenzar. Él se puso de pie cuando terminamos de orar y dijo: «He estado en la junta por más de cuarenta años, que incluyen los veintidós años en que el hermano Gotcher fue pastor. Él siempre fue el líder, él pastoreó la iglesia, y nosotros siempre lo ayudamos. Este joven —hablando de mí—, guiará a esta iglesia, y será el pastor. Y nosotros lo ayudaremos».

Más tarde, en otra reunión de junta oficial, Bill nos dijo que la noche del enfrentamiento se había sentido como que moría. Él no sabía cuál era el problema, pero había dado vueltas en la habitación, orando intensamente. Nos dijo que Dios le había dicho: «Deja tranquilo a Alton Garrison; no lo controles. Si él tiene un problema y necesita corrección, yo le corregiré».

Cuando me retiré de la iglesia quince años después, Bill me pidió perdón por lo que me había hecho pasar. Al final nos hicimos amigos, y lo que pudo dividir la iglesia resultó ser una experiencia de desahogo para la congregación. El cambio era necesario, y yo debía estar dispuesto a que sucediera.

Quizá Dios no hable proféticamente a la persona que resiste el cambio que Él quiere comenzar en usted y en su iglesia, y tal vez no haya un piadoso anciano que se levante para defenderlo. Sin embargo, debe preguntarse si está dispuesto a arriesgar todo para anunciar el cambio que Dios tiene para usted y su congregación.

La realidad es que posiblemente habrá algún miembro de su junta o una persona influyente en su iglesia que resistirá el cambio, y usted debe decidir hoy mismo si obrará conforme a lo que esa persona quiere o conforme a la voluntad de Dios.

Le preguntaré lo mismo que a Bill: Yo estuve dispuesto a morir por la iglesia de la cual fui pastor, ¿está usted dispuesto a morir por la suya? Y quizás es mucho más pertinente preguntar: ¿Está usted dispuesto a *luchar* por su iglesia?

Permítame replantear la pregunta: ¿Está usted dispuesto a guiar, a capacitar, a modelar, a amar, a sacrificar, a persuadir, a

pastorear... e incluso a luchar si es necesario... para ver cómo
Dios cambia la vida de las personas que dirige?

CINCO CLAVES PARA EL CAMBIO

A Dios no lo amedrentan los problemas que surgen en nuestras iglesias, ya sea el desafío de la iglesia rural, las luchas de la sociedad urbana, las tendencias negativas en nuestra cultura, las religiones falsas, o cualquiera otra cosa. Entonces, ¿por qué dejamos que estas cosas roben nuestra esperanza?

Entonces, ¿qué es exactamente una iglesia saludable? Antes de que avancemos, quiero presentar mi opinión de lo que significa. Una iglesia saludable es una comunidad de discípulos llenos del Espíritu que siguen a Jesús y cumplen sus mandamientos. Las iglesias saludables buscan y obedecen a Dios con fervor, participan y mantienen una relación de amor, desarrollan y movilizan a sus miembros, obran con dirección clara y enfoque externo, y reproducen y multiplican la misión de Dios en la vida de otras personas y lugares. Hemos determinado que hay cinco cosas necesarias para que las iglesias experimenten la renovación:

1. *Primero es lo que llamamos una «plataforma candente», que es la crisis, es la necesidad urgente de un cambio inmediato y radical.* Las iglesias que han dejado de crecer y están en decadencia, y la condición de la iglesia en occidente en particular, son el problema candente de hoy. Tenemos una crisis.

«Las iglesias llenas del Espíritu que están muriendo» deberían ser un oxímoron, y sin embargo a lo largo y ancho del país, vemos iglesias en crisis.

Ninguna iglesia tiene un futuro a menos que su visión sea mayor que sus recuerdos.

Dios tiene un plan para cada iglesia, y queremos ser una ayuda a los líderes para que descubran ese plan y lo cumplan. Ninguna iglesia tiene un futuro a menos que su visión sea mayor que sus recuerdos, y deseamos ayudar a las iglesias para que visionen lo que Dios tiene para cada una en particular. El proceso de descubrir ese plan es lo que hemos establecido en nuestras conferencias Hechos 2, los programas que han ayudado a centenares de iglesias a descubrir y cumplir el destino de Dios para ellas.

Aunque las estadísticas apoyan la plataforma candente, hay esperanza, su iglesia no tiene que convertirse en otra estadística. ¡Su iglesia y su ministerio tienen una esperanza y un futuro!

2. Debemos estar dispuestos a reconocer que necesitamos ayuda, a crear una comunidad de líderes comprometidos que se ayuden mutuamente para alcanzar el éxito, y que enfrenten una de las palabras más temidas en la iglesia: cambio. Este es el segundo elemento esencial: *capacitar a los líderes de la iglesia y a los pastores para que prosperen y crezcan, a fin de que haya cambio.* Nos atemoriza mostrar a las personas la necesidad de un cambio, pero en realidad el cambio comienza con el liderazgo.

> Mantener el crecimiento es una función de un líder sabio, piadoso, y visionario.

La visión de la iglesia rara vez es mayor que la de sus líderes. Algunos por accidente han crecido más allá de la capacidad y la visión de sus pastores y líderes, pero cuando lo hacen, el crecimiento a menudo es fugaz. Mantener el crecimiento es una función de un líder sabio, piadoso, y visionario. Aunque no todo líder de la iglesia tiene el mismo potencial, todos podemos mejorar, y todos podemos ayudarnos a alcanzar nuestra meta.

Para ser mejor líder, debemos seguir aprendiendo. No hay límites para el crecimiento. Podemos aprender hasta el día en que descendamos a la tumba. He trabajado con líderes que contaban setenta años de edad y que todavía tenían planes de aprender y crecer, pero lamentablemente, también he conocido pastores en sus treinta años de edad que ya han dejado de aprender. Jesús empleó algunas analogías en su ministerio, como remiendo nuevo en vestidos viejos y vino nuevo en odres viejos. Cuando perdemos nuestra capacidad de crecer, corremos el riesgo de rasgarnos y explotar cuando llega el cambio. Debemos mantener nuestra docilidad, nuestra disposición para cambiar y crecer.

El propósito del proceso Hechos 2 es mejorar la capacidad de cada líder de la iglesia para responder al vino nuevo que el Espíritu Santo de Dios tiene para su iglesia. El proceso mostrará que el cambio es posible y preferible, y revitalizará a los líderes de toda edad.

3. *El tercer elemento esencial es el equipo que colabora con el pastor, los voluntarios y los líderes laicos que sirven para que la «iglesia» marche cada semana.* La iglesia que cumple una gran labor siempre contará con un gran equipo de personas que trabajan juntas y discipulan a los nuevos miembros del equipo. Ellas harán esto cuando asimilen el concepto del sacerdocio de los creyentes, que comentaremos en mayor detalle en el próximo capítulo.

A menudo, algo se pierde cuando el pastor asiste a una conferencia y después transmite lo que ha aprendido a su ministerio local. Es probable que vuelva a casa entusiasmado y lleno de visión, pero si no cuenta con un equipo de líderes que comparta la visión y trabaje en armonía con él, será casi imposible que implemente esa visión.

No es suficiente revitalizar a los pastores; debemos capacitar a los equipos y ayudarlos para entender que no están en la iglesia solamente para ser bendecidos, sino para ser una bendición a otros. Los equipos de líderes que participan en el proceso de Hechos 2, trabajando, orando, y soñando juntos, cambiarán las iglesias. Cuando desarrolle su comprensión del plan y propósito de Dios como equipo, las probabilidades de éxito aumentarán. Hemos notado que cuando los líderes de la iglesia trabajan con un equipo capacitado, alrededor del 80 por ciento experimentarán un progreso significativo.

El proceso que se centra en el equipo no tendrá como blanco sólo los líderes; toda la iglesia debe entender el paradigma de que no se contrata a un pastor para que haga todo el trabajo ministerial. Ellos deben entender que todos los creyentes son un reino de sacerdotes y que los miembros de la congregación no son ayudantes que solamente apoyan al líder, sino parte de un equipo que sirve a Dios en unidad.

Los miembros de la congregación que se consideran solo ayudantes no han desarrollado un sentido de pertenencia, ni visión del futuro, y no tienen las ganas de realizar grandes cosas para Dios. Ellos no asumen la responsabilidad porque se consideran sólo ayudantes, en ningún caso participantes. Cuando las personas se consideran parte de un equipo, todos están llamados a la misma misión, todos tienen un sentido de pertenencia.

El futuro de una iglesia no pertenece a un solo líder visionario. Pertenece a un equipo de personas que comparten una visión para la iglesia que ha sido inspirada por Dios. Trabajar como líder de un equipo nos capacita para alcanzar eficazmente a las personas para Jesús.

4. *Cuarto, es esencial que nuestras iglesias se enfoquen en lo externo.* No importa el tamaño de nuestras iglesias, debemos cumplir nuestro mandato: la Gran Comisión. Por mucho tiempo nos hemos enfocado en la comodidad de las personas que asisten a la iglesia. Como colaboradores de Cristo, centrados en la misión de ganar almas, es hora de salir e ir a todo el mundo con el evangelio.

Esto parece un evangelismo que se efectúa en el mercado, donde alcanzamos a las personas para Jesús a través de las relaciones. Los cristianos saludables establecen relaciones con las personas que necesitan a Jesús en vez de esperar que los pastores lo hagan. Generalmente testificamos sin comprometernos ni establecer una relación. Podemos llenar autobuses con personas que distribuyan tratados a quienes no conocen o podemos enviar por avión a algunas personas a un viaje misionero de corto plazo, pero es una historia muy diferente cuando pedimos a las personas que hablen de Jesús a quienes están más cerca de ellos, aquellos que ven todos los días. Debemos ir más allá del leve desafío de compartir nuestra fe con un extraño que nunca volveremos a ver; debemos aceptar el desafío mayor de hablar de Jesús a nuestros vecinos, compañeros de trabajo, y amigos.

La cifra más importante para su iglesia no es cuántos asistieron la semana pasada sino cuántos en su vecindario, pueblo, o ciudad necesitan de Jesús.

5. *El último componente esencial es un plan.* Por mucho tiempo, hemos creído que la obra del Espíritu Santo es solamente y siempre espontánea. Por mucho tiempo, hemos supuesto que si algo no sucede en el momento, el Espíritu no está en ello, pero eso no es cierto. El Espíritu imparte los planes de Dios, así como también el corazón y el poder de Dios.

Dios tiene un plan para cada iglesia.

Si Dios tiene un plan, ¿nos lo comunicaría? Tenemos al Espíritu Santo como nuestro maestro, y Él reveló el plan a la iglesia de la cual leemos en Hechos 2. ¿Por qué no compartiría Él su plan con nosotros para nuestras iglesias? Él tiene un plan y lo comunica.

Creemos que un pastor y su equipo de líderes de la iglesia pueden sentarse y orar juntos y oír lo que Dios quiere que hagan *en el futuro*, sea la siguiente reunión, el siguiente mes, el próximo año, o el futuro más distante. Si creemos que el Espíritu Santo puede hablarnos en el momento, debemos creer que Él puede revelarnos el plan que Dios tiene para nuestro futuro. Este plan no lo encontraremos en un libro. El plan surge del estudio de los principios bíblicos, de la oración conjunta, y de nuestra disposición a dejar que el Espíritu Santo obre su voluntad en nosotros y a través de nosotros.

El proceso Hechos 2 es mi mejor idea de cómo crear un proceso donde este plan pueda echar raíz, florecer, y crecer. Es el proceso que le faltó a mi padre cuando comenzó su ministerio y que me faltó cuando comencé a pastorear.

Usted no encontrará el plan de Dios para su iglesia en las páginas impresas de este libro, pero a través del proceso de Hechos 2, desarrollará una visión, tendrá una esperanza renovada de realizar un cambio positivo, descubrirá cómo convertir en discípulos a sus colaboradores en Cristo, y cómo recibir un plan de Dios guiado por el Espíritu.

Hemos visto el fruto de las iglesias que están siendo revitalizadas porque aceptaron el desafío de Dios y el plan que dispuso para la iglesia en Hechos 2. Los líderes de estas iglesias no se conformaron con el orden de las cosas; ellos no quisieron cerrar los ojos a la necesidad. Los días de su mediocridad habían terminado, y ahora vivirían como iglesias guiadas por el Espíritu y llenas del Espíritu.

Mi esperanza es que su iglesia también desarrolle esta visión.

3 EL SACERDOCIO DE LOS CREYENTES

En mi primer año en la iglesia First Assembly, en North Little Rock, prediqué sobre un cambio de paradigma, el sacerdocio de todos los creyentes. Este fue el punto discordante entre el vicepresidente de la junta de la iglesia y yo. Él pensaba que me habían contratado para predicar y ministrar mientras ellos administraban la iglesia. Según este concepto, los demás en la congregación también tenían una función: asistir y dar con generosidad. Yo era el contratado, y la junta estaba allí para observar.

Durante mi primer año en la iglesia, prediqué quince semanas sobre un concepto opuesto a la cultura de la iglesia: El ministerio no se realiza solo desde el púlpito sino también desde los asientos. Nuestros miembros de la junta, los líderes, y los asistentes necesitaban avanzar más allá de su actual realidad en Cristo para convertirse en socios plenos en el ministerio.

En Efesios, Pablo escribió que la responsabilidad de un pastor es «capacitar al pueblo de Dios para la obra de servicio, para edificar el cuerpo de Cristo» (Ef. 4:12). Aunque la mayoría de los líderes y concurrentes a la iglesia nunca consideraron esta responsabilidad en esos términos, a menudo esperaban que el pastor fuera el que hiciera la obra del ministerio. Esta suposición promueve el concepto que todos los demás en la iglesia son sólo

«ayudantes» que no tienen derecho ni compromiso, como tratamos brevemente en el capítulo anterior.

Muchas iglesias más pequeñas tienen esta experiencia porque
la carga de *toda* la labor a realizar cae sobre el pastor y su esposa.
Estas iglesias al estilo «mamá y papá» ejercen una gran presión
sobre el pastor para que haga la obra del ministerio, y muchos
pastores piensan que la solución a este problema es el crecimiento
de la iglesia.

En realidad, debemos cambiar este paradigma en nosotros
mismos y en nuestras iglesias, no importa cuán pequeñas o grandes estas sean. Aunque la iglesia más grande tenga más personal y
piense que pueden hacer todo el trabajo del ministerio por sí mismos, en realidad la labor de ese personal es capacitar al *pueblo de
Dios* para que haga la obra, en vez de realizar ellos todo el trabajo.

La Biblia nos enseña que somos un reino de sacerdotes. Pedro
escribió: «Pero ustedes no son así porque son un pueblo elegido.
Son sacerdotes del Rey, una nación santa, posesión exclusiva de
Dios. Por eso pueden mostrar a otros la bondad de Dios, pues
él los ha llamado a salir de la oscuridad y entrar en su luz maravillosa» (1 P. 2:9, NTV). Los predicadores no son sacerdotes
modernos; cada creyente tiene la presencia del Espíritu Santo que
mora en su vida, y toda la congregación comparte la misión de
mostrar la bondad de Dios a otros.

El plomero en su iglesia es un sacerdote; el trabajo de plome-
ría es lo que hace para sustentar su sacerdocio. El contador es un
sacerdote; la contabilidad es lo que hace para sustentar su sacerdocio. Cada creyente es parte de una nación real y está llamado a
«ministrar a tiempo completo», aunque no reciban sueldo como
ministros a tiempo completo. Todos debemos cumplir nuestro
ministerio a diario.

Cuando las personas que se reúnen con regularidad en la iglesia comprenden que no van a la iglesia para recibir sino para dar
o ministrar, este cambio de paradigma hará que la iglesia ¡disfrute
de vida y salud! Todos somos sacerdotes, y los sacerdotes no van

al templo para ser bendecidos sino para ministrar. Por la bondad de Dios, somos bendecidos como beneficio de ir a la iglesia, pero el propósito principal de cada sacerdote en su congregación es ministrar a los que están lejos de Dios.

> Todos somos sacerdotes, y los sacerdotes no van al templo para ser bendecidos sino para ministrar.

🌿 Los sacerdotes judíos tenían que empacar y mudar el tabernáculo, matar y ofrecer los sacrificios, y después limpiar la sangre. Era un trabajo sucio, horrible, difícil. Así también los sacerdotes modernos tienen la responsabilidad de invitar a los amigos, los compañeros de trabajo a la iglesia, recibir a los visitantes con amabilidad, servir a la nueva generación en los programas para niños, y hacer lo que sea necesario para la obra de Dios.

Los creyentes van a la iglesia para ser bendecidos y ministrados, pero ese no es el fin de la historia. Como Abraham, ellos reciben «bendición para bendecir» la vida de todas las personas con las que se encuentren. Jesús explicó el principio de la abundancia en una fiesta en Jerusalén. Cada día del evento de una semana de duración los sacrificios y lavamientos iban en aumento. Juan explica esto:

—¡Si alguno tiene sed, que venga a mí y beba! De aquel que cree en mí, como dice la Escritura, brotarán ríos de agua viva. Con esto se refería al Espíritu que habrían de recibir más tarde los que creyeran en él. Hasta ese momento el Espíritu no había sido dado, porque Jesús no había sido glorificado todavía (Jn. 7:37–39).

Cuando usted y las personas de su congregación captan este principio, destella un maravilloso rayo de esperanza y fluye una fuente de fortaleza porque ya no se sentirá solo como ministro. Cuando enseña esto y las personas lo entienden, ya no estará rodeado de «ayudantes» sino de un número cada vez mayor de «sacerdotes» ¡que abundan en amor, perdón, y en el poder del Espíritu! Las personas que participan en esto, más que nunca desarrollarán un mayor sentido de pertenencia, y eso transformará la manera que usted cumpla el ministerio.

Las personas no existen para ayudar al pastor; el pastor es quien ayuda a las personas a cumplir su llamado. Ese llamado para cada cristiano incluye la Gran Comisión, que es la misión y el propósito de una iglesia y de cada miembro del cuerpo de Cristo: «Por tanto, vayan y hagan discípulos de todas las naciones, bautizándolos en el nombre del Padre y del Hijo y del Espíritu Santo, enseñándoles a obedecer todo lo que les he mandado a ustedes. Y les aseguro que estaré con ustedes siempre, hasta el fin del mundo» (Mt. 28:19-20). Este mandamiento no es solamente para los pastores; es para cada creyente en Cristo.

Este concepto del sacerdocio de los creyentes es el catalizador de cada componente del modelo Hechos 2. Nada de ello dará resultado si no hay un cambio de perspectiva; de otra manera el pastor tendrá ayudantes en vez de socios de la misión y visión de la iglesia. Lo que Hechos 2 requiere, usted no puede hacerlo solo como un líder de la iglesia sino que debe tener el apoyo de las personas. Es absolutamente esencial que usted mismo capte este concepto y lo enseñe el tiempo que sea necesario hasta que las personas lo entiendan.

Algo increíble sucederá cuando las personas entiendan este concepto. Si nada más capta de lo que yo he aprendido, aférrese a esto y vea cómo su iglesia y su ministerio son transformados.

MUCHOS SERVIDORES

Cuando comencé a pastorear First Assembly en North Little Rock, había unas quinientas personas, y eran unos pocos los que hacían todo el trabajo. Además de mis viajes y mis recursos para el ministerio, el enfrentamiento con Bill y la junta oficial se debió a las quince semanas de predicación en que afirmé que las personas que ocupan los asientos de la iglesia son parte del reino de sacerdotes y que deben ocuparse en el ministerio.

Cuando dejé la iglesia, esta había triplicado su tamaño y había unas mil personas que participaban en algún tipo de servicio. No habría sido posible que tantas personas entendieran la visión y se comprometieran si hubiera persistido el concepto de que yo había sido contratado para predicar y hacer toda la obra del ministerio, y hubiera dejado que la junta oficial administrara la iglesia.

Este principio bíblico fundamental ha cambiado más iglesias que solo la que yo pastoreaba, y es un componente esencial en el establecimiento del proceso Hechos 2. Las personas que comparten su visión no tendrán un sentido de compromiso a menos que entiendan que lo que hacen es más que un trabajo voluntario: es un mandato bíblico.

Cuando tiene una iglesia llena de personas que se enfocan en sí mismas y en sus preferencias, lo único que les importará será su comodidad y que los atiendan. Cuando usted da el paso y las personas entienden que deben contribuir y no sólo consumir, todo cambia.

> Cuando usted da el paso y las personas entienden que deben contribuir y no sólo consumir, todo cambia.

Los consumidores vienen a la iglesia, y probablemente participan en muchas actividades, pero son cisternas que continuamente deben llenarse. No son manantiales de agua que sirven como fuente continua de provisión para otros. ¿Qué hace que un consumidor se convierta en contribuyente y una cisterna en manantial? El evangelio de la gracia. Cuando las personas están persuadidas que el Dios del universo las ama tanto que envió su único Hijo para morir por ellas, reconocerán que Él es su mayor tesoro ... y ellas el mayor tesoro de Él. Una comprensión profunda y convincente de la magnífica gracia de Dios no solamente es un punto de entrada en la vida cristiana. Es la fuente de nuestra profunda satisfacción y nuestra mayor motivación de todo lo que hacemos cada día. La gracia de Dios saca a la luz nuestra humilde condición y la necesidad de que el Dios de gloria pagara el gran precio por nosotros, y eso nos anima mucho porque nos amó de tal manera que hizo esta obra con pleno gozo. ¡Esta comprensión cambia todas las cosas!

Cuando las personas aman y sirven con generosidad de corazón, sienten el gozo de ver que Dios los usa para sanar corazones heridos y guiar a los perdidos al hogar junto a Dios. Repentinamente, el «sacrificio» se convierte en privilegio, y las personas dan mucho más de su tiempo y dinero porque su corazón ha sido transformado. Cuando las personas se vuelven contribuyentes, los trabajos de los líderes cambian. Tenemos la responsabilidad de ubicarlas en funciones donde puedan ser eficaces y luego capacitarlas para que puedan prosperar. Les ayudamos a encontrar el «espacio favorable» para servir en una función particular, ejercer la habilidad que Dios les ha dado, y les abrimos una puerta al ministerio.

Sin embargo, no todos los que están en la iglesia entenderán la maravilla de la gracia de Dios y serán transformados para convertirse en contribuyentes. Algunos permanecerán como consumidores, no importa qué tan bien y con cuánto poder les explique sobre la gracia de Dios. De hecho, algunas resistirán su mensaje del amor, perdón, y el poder de Dios. Manténgase alerta: es probable que las personas que solamente centran en sí mismas vayan al próximo comedero cuando usted ya no sirva a sus caprichos. Ellas no son su responsabilidad. Su trabajo es capacitar a los santos para la obra del ministerio.

Sin embargo, aquellos que captan la visión, descubrirán que Dios nos proporciona un gran beneficio cuando servimos, una bendición inesperada. Aunque esta no debe ser nuestra única motivación, los que aceptan este cambio de paradigma descubrirán que es muy gratificante.

En el capítulo acerca de la función Hechos 2 que hemos titulado servir, desarrollaremos en más detalle otros aspectos de esto, por ejemplo, cómo ayudar a las personas a descubrir sus dones espirituales y encontrar su mejor posición de servicio. Primero, necesitamos un fundamento bíblico porque este cambio de manera de pensar debe suceder antes de que tratemos el resto del proceso Hechos 2.

Quisiera comentar acerca de un último elemento del sacerdocio de los creyentes; tenga en cuenta que, aunque estos sacerdotes voluntarios no reciban un sueldo, usted debe crear una cultura de responsabilidad. En un trabajo, un empleado puede ser despedido por su bajo rendimiento. He notado que es útil tener un acuerdo de ministerio con los colaboradores donde se describa lo que se espera de ellos, y en caso de que tenga que hacer alguna corrección, se hayan definido claramente los parámetros para tener conversaciones constructivas. Cuando exprese lo que espera de las personas, ellas comprenderán lo que necesitan hacer y pueden decidir si se comprometerán a cumplir o no. Además, siempre proporcione un límite, un lapso de tiempo para el servicio y la evaluación. Al evaluar, se revisan los acuerdos del ministerio y se concluye si ese servicio se adapta bien a la persona.

Muchas iglesias más pequeñas con las que trabajamos no han pensado en esto, tal vez porque creen que un acuerdo podría amedrentar a los pocos voluntarios cuando la necesidad de ellos es tan grande. Yo entiendo esto, pero creo que vale la pena hacerlo para mantener claridad en la comunicación.

Un pastor de una iglesia pequeña vino a verme después de que había propuesto que los voluntarios firmaran acuerdos de ministerio. Él me dijo: «¡Me metiste en problemas!» Le pregunté que quería decir, y él me dijo: «Bien, cuando comencé a enseñar que los voluntarios necesitaban ser fieles en su asistencia y fieles en su diezmo, ¡una mujer en el coro se enojó! Ella dijo que yo no podía obligarla a hacer tales cosas, ¡ella había estado ahí por veinticinco años!»

Le pregunté: «En algún momento dijiste que el diezmo es un principio bíblico?»

Él dijo: «No, no traté el tema».

«Le dijiste que estabas tratando de crear una cultura nueva y explicaste el sacerdocio de los creyentes?»

Él meneó la cabeza. «No, no lo dije».

Pregunté: «Bueno, ¿qué le dijiste?»

«Le dije que usted me hizo hacerlo», replicó.

Esta es una historia que me hace reír cuando la comparto, pero la realidad es que usted no puede decir a las personas que yo dije que lo hiciera. Si desea crear una nueva cultura de servicio y compromiso en su iglesia, usted debe estar completamente persuadido de que está capacitando a un reino de sacerdotes, y que hay expectativas razonables de ellos. Esto se puede hacer de una buena manera; no hay necesidad de exigir ni ser dogmático. Es posible que necesite hacer una excepción con algunas de las personas más antiguas, pero sí debe enseñar a las personas más nuevas lo que se espera de ellos como «sacerdotes». Ellos agradecerán su claridad, y usted también se sentirá contento de haberlo hecho, si alguna vez tiene que corregirlos o guiarlos.

Pedir responsabilidad de las personas en un contexto de iglesia es diferente de cómo sucede en un ambiente de negocios. Los voluntarios en una iglesia necesitan dirección y aliento y corrección afable cuando es necesario. Pablo escribió a los cristianos en

Tesalónica: «Hermanos, también les rogamos que amonesten a los holgazanes, estimulen a los desanimados, ayuden a los débiles y sean pacientes con todos» (1 Tes. 5:14). La enseñanza bíblica del «sacerdocio de todos los creyentes» puede ser fácilmente reforzada con un sencillo diagrama. El triángulo del liderazgo muestra cómo nuestros derecho (opciones) cuando las responsbilidades de nuestro ministero (voluntario) aumentan. Cuando nos envolvemos en más oportunidades de ministerio, limitamos nuestras opciones personales por amor a la obra de Dios.

LAS OPCIONES DISMINUYEN CON EL AUMENTO DE LAS RESPONSABILIDADES

Recuerde, la clave para el líder es que no debe hacer todo el ministerio. Su función principal es capacitar a los santos para la obra del ministerio de modo que sirvan de edificación al cuerpo de Cristo. Cuando ayude a su iglesia con este cambio de paradigma, su habilidad para ministrar a la grey prosperará, tal como sucedió en la iglesia del primer siglo.

4 LA ESPERANZA

Los líderes de la iglesia que cuentan con una mezcla de un plan viable y el poder del Espíritu tienen una gran esperanza de que su labor no es en vano, Dios hará algo maravilloso con ellos. Sin embargo, a menudo me reúno con pastores que han perdido la esperanza. Las causas son muchas y diversas. Estas pueden ser dificultades financieras, problemas familiares, la resistencia de sus líderes, problemas de salud, o desánimo a raíz de muchos otros factores. Nuestras fuerzas armadas han observado el efecto devastador de la fatiga de combate en los soldados, y muchos líderes de la iglesia sufren de una condición similar, que podemos llamar «fatiga por la compasión». Es el resultado de dar, servir, y ayudar sin reponer el amor, el gozo, y la fortaleza que todos necesitamos para seguir adelante. Si esa tendencia no se identifica ni se cambia, puede llevarnos al agotamiento.

Todos sufrimos altibajos, dependiendo de muchos factores en nuestra vida personal y nuestros ministerios, pero si buscamos el poder, la presencia, y los propósitos de Dios, nuestra esperanza será renovada.

Joanna y yo visitamos a Glenn Epps, un excelente pastor joven de Puxico, Missouri. Cuando este pastor llegó a esa iglesia, había unas sesenta personas. Él había estado siete años ahí, y la comunidad que ahora se reunía era de aproximadamente ciento veinte personas. Al principio, el promedio de edad era de sesenta y cinco años, y siete años después era cuarenta años de edad. Me sentí impresionado, porque esta era la iglesia más entusiasta en el condado. Había entusiasmo acerca del lugar. Las parejas jóvenes estaban en todas partes, y todo parecía maravilloso.

Luego, mientras almorzábamos, le pregunté al pastor cómo lo había logrado. Observó a sus miembros y luego volviéndose a mí, dijo, hay muchas estrategias por ahí, y estoy seguro que implementé algunas de ellas. En primer lugar, descubrí que lo más importante es que las personas deben entender que vine aquí para quedarme. Ellas necesitaban saber que yo fui llamado a este lugar, y que no solamente me detuve para dar una mirada mientras iba de camino a otro sitio. En los sectores rurales, las personas son sensibles y notarás la falta de sinceridad y amor.

En segundo lugar, mi mayor desafío era animar a las personas. Ellos llegaron a la conclusión de que Dios no podía ayudarlos ni tampoco ninguna persona. Pensaban que estarían para siempre detenidos en el mismo lugar. No veíamos personas que vinieran por primera vez. No había entusiasmo, y nadie testificaba. El desánimo era nuestro mayor problema.

Le pregunté cuál es el mayor problema hoy.

«El desánimo», respondió.

Le dije: «¿No era ese tu mayor problema siete años atrás?»

«Sí —dijo—, pero ahora es por una razón diferente. Dos años atrás, la esposa de uno de los miembros de la junta contrajo una horrible bacteria que ataca la piel, y los médicos no la diagnosticaron de inmediato, ni tampoco la trataron. Ella murió y como era una persona apreciada en la comunidad, muchos se desanimaron; perdieron la esperanza».

Medité cuántas veces había predicado sobre el tema de la esperanza. Cuando él mencionó el desánimo, una vez más medité en eso. Me sorprendió que incluso en esa iglesia vibrante y saludable, la moral fuera el principal problema.

Sabemos que la fe es un proceso, la fe viene por el oír y por oír la palabra de Dios. Cuanto más meditamos en las Escrituras y tanto más creemos, tanta más fe tendremos. La fe es casi instructiva por naturaleza.

Sin embargo, la esperanza atañe a las emociones. No se puede enseñar esperanza a las personas. Sin embargo, en nuestros momentos más oscuros de tristeza y sufrimiento, el Espíritu de Dios puede renovar nuestra esperanza. Pablo afirma: «Y no sólo en esto, sino también en nuestros sufrimientos, porque sabemos que el sufrimiento produce perseverancia; la perseverancia, entereza de carácter; la entereza de carácter, esperanza. Y esta esperanza no nos defrauda, porque Dios ha derramado su amor en nuestro corazón por el Espíritu Santo que nos ha dado» (Ro. 5:3–5).

La fe corresponde a los milagros y la esperanza, a la moral. Es la confianza, la feliz expectativa de que algo bueno sucederá.

Cuando veo iglesias que no avanzan o declinan, o cuando me reúno con un líder que no se siente valorado y que no ve resultado alguno de su trabajo, sé que su estanque de esperanza está vacío.

Lo que necesita es una porción de esperanza.

Alrededor de un millón de personas se reúnen cada domingo para adorar en alguna de las iglesias de las Asambleas de Dios que están detenidas o han comenzado a declinar, y estas son personas buenas y fieles. Pero han perdido la esperanza.

¿Podemos devolverles la esperanza?

Creo que podemos infundir esperanza en las personas y en las iglesias porque es un principio bíblico. Entonces, ¿cómo lo haremos?

Romanos 15:13 dice: «Que el Dios de la esperanza los llene de toda alegría y paz a ustedes que creen en él, para que rebosen de esperanza por el poder del Espíritu Santo (NVI)».

Si la fuente de esperanza es Dios y la sustancia de la esperanza es la fe, el dador de la esperanza es el Espíritu Santo.

¿Quién es la fuente de nuestra esperanza? Dios. Su autobiografía, la Biblia, nos dice que debemos conocer su carácter. Su obra en el pasado es un pronosticador de lo que hará en el futuro. Si la fuente de esperanza es Dios y la sustancia de la esperanza es la fe, el dador de la esperanza es el Espíritu Santo.

UNA HISTORIA PERSONAL DE PÉRDIDA DE LA ESPERANZA

El ministerio y la vida de mi padre fue testigo de milagros impresionantes, de modo que cuando él contrajo Alzheimer, nuestra esperanza era que oraríamos por él y sanaría. Sin embargo, no sucedió así. Con el paso del tiempo, su condición paulatinamente comenzó a empeorar. Su paso de alcohólico reformado y pastor entusiasta a víctima del Alzheimer fue una travesía de unos ocho años, y como familia entendimos por qué algunos llaman a este período «el largo adiós».

Cerca del final de esta experiencia de ocho años, fui llamado al hospital y encontré al médico de mi padre justo cuando salía de la sala. Él me confirmó que por su condición, mi padre no volvería a hablar, su función cerebral había terminado. De hecho, mi padre no había hablado palabras inteligibles en varios años y por más de tres meses ni siquiera había emitido un sonido.

Esto no era nada nuevo, pero lo que dijo el médico después fue lo que me inquietó. «No es su padre de quién estoy preocupado. Él estará cómodo hasta que fallezca. Me preocupa más su madre. Ella lo ha cuidado todo este tiempo y está físicamente, emocionalmente, y espiritualmente agotada. Ella necesita ayuda».

Después de decir esas palabras, se alejó. Entré a la sala donde estaba mi padre y me paré al pie de la cama. Nada había cambiado desde la última vez que lo vi. Aunque era difícil verlo en esa condición porque había sido una persona muy saludable. Con seis pies de altura, ahora pesaba ochenta y siete libras, era una macilenta figura echada sobre la cama en posición forma fetal.

He visto milagros. He sido testigo del resultado de una gran fe, pero cuando mi propio padre necesitaba un milagro, nada parecía ayudar. No me quedaba esperanza para la recuperación de mi padre.

Estaba agotado de esta carrera emocional, y no sabía cómo responder a esos pensamientos condenatorios; sólo pude citar las Escrituras. Me mantuve allí luchando con esos pensamientos y citando cada versículo pertinente que pudiera recordar. Me hacía sentir bien por un momento, pero la circunstancia nuevamente me golpeaba y me hacía sentir peor.

Finalmente, luché y terminé triunfante. Dije: «¡Diablo, no puedes ganar! Cuando mi padre muera, el tabernáculo perecerá, pero su alma ¡vivirá para siempre! ¡Él estará en la presencia del rey de Reyes y señor de Señores!»

Salí de la sala victorioso para unirme a mi madre y mi hermana. Ellas me habían visto en la sala, y mi madre preguntó: «Hijo, ¿qué estabas haciendo?»

«Estuve orando con papá», le respondí.

Su respuesta me sorprendió.«¿Por qué?», ella me preguntó. Mi madre tenía una expresión que nunca antes había visto. «De nada sirve, hemos orado por años por él y mira cómo está. Está tan mal, en realidad ni siquiera existe. Su cuerpo ha sobrevivido a su cerebro, y no podemos comunicarnos con él. No hay dignidad en esa sala. He estado orando que Dios lo libere, le permita ir al cielo. No hay razón de que él continúe aquí, pero todavía lo tenemos».

Luego dijo algo que nunca pensé que oiría de ella: «Cuando más necesitas a Dios, Él te da la espalda. Es una burla; eso es lo que es». Con su dedo alzado y apuntándome a la cara, dijo: «¡Nunca más ores en mi presencia!»

Ya podrá imaginar el impacto que tuvieron sus palabras en mí. ¿Acaso mi madre había perdido su salvación? ¿Se apartó ella de la fe? Esta era mi madre, que por décadas había sido fiel esposa de pastor y una guerrera de oración. Ella había acompañado a mi padre a través de todos los años y los sacrificios durante su ministerio. Escuchar esas palabras fue aterrador.

Yo no sabía cómo responderle; simplemente me alejé. Cuando estaba en mi auto, comencé a orar, sencillamente me abrí ante Dios. Finalmente dije: «Dios, tienes un grave problema, muy grande. ¿Qué vas a hacer?» Yo temía que mi madre había perdido su fe. Pero ella no había perdido la fe, sino la esperanza.

¿UNA IGLESIA QUE DECLINA?

¿Cuántos cristianos son como mi madre? Para muchos líderes, no es la enfermedad de un ser querido la que ha ahogado su esperanza; es la condición de la iglesia. Algunas están prosperando, pero la carga del trabajo es oprimente para el pastor. Otras están estancadas, y el pastor dedica todo su tiempo y atención para mantenerlas a flote. Y algunas iglesias están declinando. En mi denominación, dos tercios de las iglesias se han estancado o están declinando.[1] Muchas de estas iglesias están abatidas y han perdido su fervor. Es probable que han tenido quince pastores en los últimos veinte años. Han perdido la esperanza.

Una mirada a la iglesia en el mundo entero podría hacer que muchos líderes se detuvieran e hicieran algunas preguntas difíciles que aparentemente tienen una respuesta sombría. Es fácil oír la voz del Acusador diciendo que la iglesia ya no es relevante en nuestra cultura pos-moderna, que las nuevas generaciones ya no llenarán los santuarios como sucedió en el tiempo de sus padres, y que la secularización alejará a las personas de la fe. Es posible que algunos digan que hay poca esperanza.

Para muchos líderes, la sabiduría convencional afirma que el crecimiento es el indicador de la salud de una iglesia. Después de todo, la iglesia saludable es la que crece, y una iglesia en crecimiento aumentará en número y en vitalidad espiritual. Esa es la naturaleza del crecimiento. Las plantas y los animales saludables crecen espontáneamente, pero las plantas y los animales que no gozan de buena salud se marchitan y mueren.

Dios quiere que usted y su congregación, no importa cuan numerosa sea, compartan una misión que coincida con las necesidades del campo donde se encuentra y las fortalezas con las que los ha bendecido. A diferencia de muchos líderes, Dios no ve el tamaño como un indicador de la eficacia de su iglesia. Dios quiere que todas las iglesias tanto pequeñas como grandes sean saludables, y que todas sientan que tienen esperanza.

LA BÚSQUEDA DE LA ESPERANZA

La Iglesia es el cuerpo de Cristo, y Cristo es la esperanza del mundo. Si perdemos nuestra esperanza para el futuro, ¿qué posibilidad tiene el mundo?

Recuerde la historia de cuando mi madre perdió la esperanza, porque volveremos a este punto más adelante, en la parte final de este libro. La pregunta que tengo en mi espíritu era si ella podría recuperar la esperanza. Y esta es la misma interrogante que debemos tener respecto a la iglesia. En este libro, trataremos de proveer algunas respuestas a esa interrogante.

Aunque en este libro se explora la esperanza de la iglesia, no es una marejada sombría de números y estadísticas contra la cual debemos luchar. La lucha es por la *esperanza* misma.

No hemos perdido nuestra pertinencia, la asistencia en nuestras congregaciones alrededor del mundo no está condenada a disminuir, y las futuras generaciones *encontrarán* una relación con Jesucristo de maneras nuevas y vibrantes, a través del medio que Él estableció antes de ascender al cielo. Tenemos acceso al mismo fundamento y poder que tuvo la iglesia primitiva, y las lecciones que aprendamos en el proceso Hechos 2 y la investidura del Espíritu Santo nos mostrarán que sí hay esperanza y que podemos recobrarla.

5 INVESTIDOS DE PODER

Una Iglesia saludable es idea de Dios. Jesús es la cabeza y el que edifica la iglesia, y no cometió errores al cumplir su obra. Hechos 2 nos presenta un modelo de una iglesia vital y fructífera que Jesús estableció y que nació de la oración y el poder del Espíritu. Si le pregunta a varias personas de diversas denominaciones acerca del propósito del Espíritu Santo para la Iglesia, recibirá una gran variedad de respuestas. Yo creo que el propósito doctrinal más poderoso del poder del Espíritu es cumplir la misión transformadora de Dios entre las personas sin iglesia y a los cristianos que se han detenido por falta de inspiración. Con los desafíos que hoy la iglesia enfrenta, no podemos depender de nuestra ingenuidad, intelecto, y esfuerzo humano; Dios no nos ha abandonado a ese recurso estéril. Sin embargo, cuando dependemos del poder del Espíritu, Él nos capacita y nos da el denuedo para que comuniquemos esperanza a este mundo.

El Espíritu Santo nos ayuda a ser más de lo que somos. Nos da poder y el mismo Espíritu que vino sobre un asesino y lo convirtió en libertador, es el que estuvo sobre un pastor de ovejas que después fue rey. El Espíritu Santo no «reposa» temporalmente sobre nosotros. El Espíritu Santo permaneció con los pescadores y los hizo discípulos de Cristo. El Espíritu cambió a un mercenario religioso, moró en él y lo capacitó para que escribiera gran parte del Nuevo Testamento. Y sobre todo, el Espíritu obró a través de la vida entera de aquel que humanamente fue un carpintero, y que es el Salvador del mundo. El Espíritu otorga poder a cada creyente que acepta su salvación y que humildemente se dispone a ser usado por Dios. El Espíritu Santo también lo ayudará a decir palabras que no conoce. La muestra más obvia de esto fue quienes recibieron la plenitud del Espíritu Santo en Hechos 2 y hablaron en otras lenguas según el Espíritu les dio que hablasen. Esta palabra «hablasen» es el término griego *apothengomai*, que significa «articulación verbal inspirada por el Espíritu» y que puede revestir de poder nuestro lenguaje normal como también el hablar en lenguas.

Pedro es, posiblemente, el mejor ejemplo de una persona con el denuedo del Espíritu. Inmediatamente después de que el Espíritu descendiera en el aposento alto, Pedro se puso de pie entre los once discípulos, levantó la voz, y se dirigió a la multitud en un discurso inspirado por el Espíritu. Los resultados no fueron menos que milagrosos; ellos bautizaron a las personas y se agregaron ese día a la iglesia como tres mil creyentes.

El Espíritu Santo ayudó a Pedro para que fuera más allá de su habilidad natural, y los que lo oyeron dejaron de preguntar por qué los creyentes hablaban en otras lenguas, y preguntaron: «¿qué debemos hacer?» para recibir a Cristo. La misma inspiración e investidura de poder son las que nos capacitan para compartir eficazmente el evangelio.

El Espíritu Santo también nos ayuda para hacer más de lo que nosotros podemos. Antes de comisionarnos para que anunciáramos el evangelio, Jesús nos prometió poder. Él dijo: «Pero cuando venga el Espíritu Santo sobre ustedes, recibirán poder y serán mis testigos tanto en Jerusalén como en toda Judea y Samaria, y hasta los confines de la tierra» (Hch. 1:8).

El poder del Espíritu es el cumplimiento de la promesa de Jesús que los que creen, harán las obras que Él hizo, y aún mayores. Las manifestaciones del poder de Dios nos animan para creer lo sobrenatural. Después de la venida del Espíritu Santo, los discípulos realizaron muchos milagros, algunos de ellos fueron sanidades, expulsión de demonios, y los millares de discípulos que el Espíritu añadió a la iglesia. Y a diferencia de los héroes del Antiguo Testamento que vieron manifestaciones temporales del poder del Espíritu, los creyentes en la iglesia Hechos 2 experimentaron el poder de la morada permanente del Espíritu Santo.

> El poder del Espíritu es el cumplimiento de la promesa de Jesús que los que creen, harán las obras que Él hizo, y aún mayores.

EDIFICANDO SEGÚN EL MODELO DEL SIGLO PRIMERO

La iglesia del primer siglo fue fundada sobre la oración. En Hechos 1, leemos que el equipo de Jesús para el establecimiento de la iglesia lo formaban Pedro, Santiago, Juan (los tres principales), los demás discípulos, la madre y los hermanos de Jesús, y varias mujeres que habían apoyado con finanzas el ministerio terrenal de Jesús. Todos ellos estaban juntos y unánimes en oración.

El resultado de esta oración y el fundamento del modelo no fueron menos que milagrosos. Imagine que estas cosas sean una realidad en cada una de nuestras iglesias: Estos creyentes de la iglesia primitiva recibieron el Espíritu Santo por voluntad propia, mostraron poder sobrenatural, fueron guiados con eficacia, oraron con fervor, se reunieron regularmente, enseñaron consecuentemente la sana doctrina, anunciaron el evangelio con fervor, y compartieron de sus bienes con generosidad, y la iglesia experimentó un *crecimiento exponencial.* El resultado final fue posible gracias a todos estos factores, quizás, el más notable fue la investidura de poder que recibieron los que se reunieron en el aposento alto cuando el Espíritu Santo vino sobre ellos en el día de Pentecostés, el primer evento registrado en Hechos 2.

Todo el libro de los Hechos es un relato del nacimiento y el crecimiento de la iglesia del primer siglo. En éste se registra como el Espíritu Santo invistió de poder a un pequeño grupo de creyentes que eran fieles a las enseñanzas de los apóstoles, la comunión, el partimiento del pan (incluida la Cena del Señor), la oración, y que obedecían la Gran Comisión que Jesús les encomendó en sus últimas palabras en la tierra. El resultado fue un movimiento que propagó la historia del evangelio alrededor del mundo y que permanece hasta hoy.

El mandato de Jesús de ir a todo el mundo y predicar el evangelio era la visión que tenían por delante, y Pedro anunció ese objetivo; él dijo: «Arrepiéntase y bautícese cada uno de ustedes en el nombre de Jesucristo para perdón de sus pecados... y recibirán el don del Espíritu Santo. En efecto, la promesa es para ustedes, para sus hijos y para todos los extranjeros, es decir, para todos aquellos a quienes el Señor nuestro Dios quiera llamar» (Hechos 2:38–39).

Leemos que ellos estaban maravillados porque veían la obra del Espíritu en los discípulos, que les daba poder para realizar maravillas y señales milagrosas. (Si no cree que es un milagro que alguien comparta de sus propiedades, sus posesiones, y finanzas con los necesitados, ¡significa que usted está dispuesto a hacerlo!) Su estilo de vida consistía en adorar juntos, compartir los alimentos con gran gozo y generosidad, alabando a Dios, y disfrutando la buena voluntad de la comunidad.

Y al practicar ellos esta vida saludable y llena del Espíritu, Dios les dio un crecimiento explosivo.

NU

LO QUE ES Y NO ES LA INVESTIDURA DE PODER

La experiencia de un discipulado en el poder del Espíritu significa comprender que nuestra relación va más allá de simplemente creer o del lavamiento de los pecados. (Estos son los medios a través del cual Cristo hace posible la relación, pero aun espera una vida para seguir a Jesús y conocerle íntimamente.) No se trata de hacer más para Dios, obrar a mayor nivel, o incluso experimentar señales y maravillas. Se trata de conocer a Dios. En su oración sacerdotal, Jesús dijo: «Y ésta es la vida eterna: que te conozcan a ti, el único Dios verdadero, y a Jesucristo, a quien tú has enviado» (Jn. 17:3). Pablo entendió perfectamente esta meta y privilegio. A los creyentes en Filipos, él les dijo que ningún poder, prestigio, o riqueza puede compararse con el tesoro de conocer a Cristo. Pablo explicó que todo lo demás es «estiércol» al compararlo con la maravilla y el gozo de la relación con Dios. Lo expresó de la siguiente manera:

Sin embargo, todo aquello que para mí era ganancia, ahora lo considero pérdida por causa de Cristo. Es más, todo lo considero pérdida por razón del incomparable valor de conocer a Cristo Jesús, mi Señor. Por él lo he perdido todo, y lo tengo por estiércol, a fin de ganar a Cristo y encontrarme unido a él. No quiero mi propia justicia que procede de la ley, sino la que se obtiene mediante la fe en Cristo, la justicia que procede de Dios, basada en la fe. Lo he perdido todo a fin de conocer a Cristo, experimentar el poder que se manifestó en su resurrección, participar en sus sufrimientos y llegar a ser semejante a él en su muerte (Fil. 3:7–10).

«No podemos cumplir la obra de Dios en la tierra sólo con nuestra propia fuerza».

Toda disciplina espiritual, cada verdad de conducta, cada actividad espiritual resulta vacía si no hay una relación con Cristo y eventualmente causará frustración, desaliento, o agotamiento. «No podemos cumplir la obra de Dios en la tierra sólo con nuestra propia fuerza». Todas nuestras buenas motivaciones, nuestra fuerza de voluntad, y nuestros hábitos cuidadosamente formados no son suficientes. Lo que aprendemos y hacemos desligados de Dios, sólo magnificará nuestro orgullo, o nos echara por tierra.

Cuando somos investidos de poder, cada acto de servicio y devoción, cada disciplina, cada conducta es un resultado de nuestra relación con Cristo y refleja su obra en nosotros, la cual es posible a través de su Espíritu Santo.

En el Antiguo Testamento, se preparó una casa para Dios, y su presencia lleno el lugar santísimo. Quien entrara a ese lugar estaba expuesto a su irresistible santidad que le produciría la muerte; sólo el sumo sacerdote podía entrar al lugar santísimo y una vez al año. En resumen, el Dios del Antiguo Testamento no era un Dios al que uno se podía acercar.

Todo eso ha cambiado, porque hoy el Espíritu viene sobre toda carne, y nos da su plenitud; Dios ya no mora solamente en un edificio ni viene temporalmente u ocasionalmente sobre personas selectas. Él mora en nosotros en una relación de gran intimidad y profundidad, mucho más que los momentos temporales de investidura del Espíritu que describe el Antiguo Testamento. Dios ahora hace participantes a aquellos que le siguen en una relación que da el contexto necesario para cada paso de crecimiento y vida, conocimiento y acción.

Porque Él está en nosotros y nosotros en Él, queremos conocerle más y servirle de todo corazón, y después vivir su presencia. ¡Esto es verdadera transformación!

TRANSFORMACIÓN VERDADERA

La transformación ocurre en nosotros tanto a nivel personal como parte de un cuerpo. Aunque nuestra cosmovisión occidental da más importancia al individuo, sin el cual no habría grupo, para llevar adelante la Gran Comisión no es suficiente que sólo unas pocas personas sean transformadas por el poder del Espíritu Santo. Es necesario que todo el cuerpo sea transformado e investido de poder, para asegurar que nuestras iglesias, no importa cuál sea su tamaño, sean saludables y tengan una saludable relación con Cristo.

La transformación a nivel de congregación es más que un cambio de creencias y conductas, más que un cambio de metas, tecnologías, o sistemas, y más que examinar nuestra condición actual y hacer las preguntas acertadas. La transformación es la obra necesaria del Espíritu que crea el proceso y forma las relaciones a un nivel colectivo, y es ésta la relación que engendra un cambio perdurable que conduce al avivamiento.

La transformación es un concepto bíblico que se encuentra en toda la Palabra. Se basa en los principios de renovación y formación espiritual a la imagen de Cristo. Además, es el concepto que usó el apóstol Pablo para describir el cambio radical que produce la salvación y la obra del Espíritu Santo en la vida de los creyentes.

La transformación es el resultado de la investidura de poder del Espíritu Santo. Más conocimiento y un mejor comportamiento pueden ser los resultados del esfuerzo y la iniciativa personal, pero la transformación solamente ocurre cuando el Espíritu propicia una relación entre el creyente y el Señor.

En el centro del proceso Hechos 2 está la creencia de que la transformación a nivel de congregación todavía es posible.

Cuando percibo el corazón y la visión para el futuro, sé que los mejores años de la iglesia están por venir. Con frecuencia, parece que podemos creer que los milagros, las promesas, y el poder de Dios fueron para las personas de la Biblia, para otro momento de la historia, o para el remoto campo misionero, pero que no son para nosotros ni para la iglesia actual del occidente. Sin embargo, si la Biblia, la historia, y los informes de los milagros en el extranjero sirven de algo, deben animarnos a entender que si ha ocurrido antes, Dios puede hacerlo otra vez, porque ¡nada es imposible para Dios!

La transformación comienza en el corazón de las personas, en el corazón de los que se congregan. Comienza en la mente de los individuos y se propaga conforme hacen discípulos, y éstos a su vez hacen más discípulos, y comparten con otros palabras inspiradas por el Espíritu Santo. Comienza cuando ellos se *conectan, crecen, sirven, van,* y *adoran.* Comienza como un proceso interno que combina el conocimiento, la conducta, y la relación a fin de guiar a un creyente a una nueva vida o a un reavivamiento en el Espíritu.

La trasformación es posible para cualquier congregación, pero no sucede de la noche a la mañana. Es un proceso, no un evento. Es un peregrinaje, no un destino. Así como la transformación metafórica de la cual Pablo habla con el tiempo renueva el corazón y la mente, la transformación a nivel de congregación no es un resultado inmediato que se impone a las personas; es un proceso que comienza en el interior y es posible solo con el tiempo.

Una iglesia renovada es una que busca y obedece a Dios fervientemente, y el proceso de renovación que tenemos por delante tiene su origen en las funciones que Lucas describe: comunión, enseñanza, ministerio (según el don que haya recibido), evangelización, y adoración. Una iglesia saludable es una que...

- Participa y mantiene una relación fraternal (*conectar*)
- Desarrolla y activa las personas (*crecer*)

- Obra con dirección clara y un enfoque externo (*servir*)
- Reproduce y multiplica su misión en otras personas y lugares (*ir*)
- Busca y obedece a Dios con pasión (*adorar*)

Estas funciones impactan cómo nos acercamos a Dios y a otros, pero sin la unción del Espíritu Santo solamente son elementos de otro programa.

Desde el cambio del siglo, el Pentecostalismo ha sido un líder en el mundo de la evangelización y el discipulado. El promedio de crecimiento del Movimiento de Renovación desde 1910 hasta el 2010, fue casi cuatro veces mayor que el promedio de crecimiento del cristianismo como un todo y de la población mundial. Se espera que entre 2010 y 2025 el promedio de crecimiento sea dos veces más rápido que ambos. Muchas iglesias rebozan de entusiasmo; están saludables y creciendo, y prácticamente todos los líderes están anhelantes de aprender cómo tener el mayor impacto posible para el reino de Dios. No importa cuán grande o pequeña sea la iglesia, estamos frente a un gran desafío: alcanzar a los perdidos de este mundo y aquellos que no tienen una iglesia. Con urgencia necesitamos una investidura del poder de Dios. Necesitamos una capacidad que exceda la nuestra. Necesitamos iglesias que estén unidas, sin disensiones, bíblicamente establecidas, y ungidas por el Espíritu.

> Necesitamos iglesias que estén unidas, sin disensiones, bíblicamente establecidas, y ungidas por el Espíritu.

Necesitamos una iglesia como la de Hechos 2.

LA OBRA NO HA TERMINADO

Me convertí en pastor sin siquiera tener un día de experiencia a nivel ministerial. Todo lo que sabía respecto al ministerio era en el ámbito del evangelismo. Aunque la iglesia First Assembly of God en North Little Rock, Arkansas, posiblemente recibió el currículo de centenares de candidatos con más experiencia pastoral que yo, por alguna razón, ellos me escogieron a mí.

Tenía treinta y nueve años de edad. Nunca antes había bautizado a nadie, dedicado un niño, o realizado algunas de las decenas de tareas del ministerio que hasta un pastor joven ha realizado muchas veces. Sin embargo, Dios nos mantuvo en First Assembly of God durante quince años y nos bendijo. ¿Por qué? Creo que se debe a la transformación que tuvo lugar. Estábamos en un proceso de cambio del Espíritu, y esto, más que la experiencia y la familiaridad con las creencias y los comportamientos, crearon una relación dinámica que cambió la vida de las personas.

No digo esto para darme unas palmadas en la espalda, sino todo lo contrario. Lo comparto para revelar que me sentía completamente descalificado para la tarea. Sin embargo, debido a que la congregación estaba abierta a la dirección del Espíritu Santo, la transformación fue factible, y eso facilitó que yo pudiera realizar la obra de Dios a pesar de mi falta de experiencia. Estaba comprometido, y Dios comenzó a crecer y a desarrollar lo que se ha convertido en el proceso de Hechos 2, porque no me contenté con permanecer en la condición en que estábamos.

Es probable que lea esto y piense que la tarea que tiene por delante, no sólo el cumplimiento de la Gran Comisión, sino la renovación en su iglesia es intimidante, desalentadora, y humanamente imposible. Puede que Satanás le sugiera que la transformación es imposible, que la declinación es inevitable, y que la derrota de la iglesia en la tierra está profetizada.

Posiblemente usted ha perdido las esperanzas.

Posiblemente se siente poco calificado, insuficiente, y sin capacidad para la tarea que Dios tiene para usted y su congregación. Puede que sienta que está atrapado en el modelo «líder orquesta» donde usted realiza todo el ministerio, hasta que se agotan sus fuerzas.

Yo diría que si este es el caso, usted está en el lugar correcto. Debemos reconocer que no tenemos el poder, el ingenio, ni la habilidad de realizar esto. Únicamente el poder transformador del Espíritu Santo puede volver a encender en nosotros el fervor por la evangelización y la misión, por cambiar el ambiente de la iglesia, y educar a un sacerdocio de creyentes.

Creo que el proceso que Dios estableció en Hechos 2 provee un modelo necesario para cambiar nuestra manera de realizar la obra del ministerio, cambiar el curso de las cosas, mantenernos relevantes con las generaciones modernas y futuras, y realizar la tarea que Jesús nos encomendó antes de su ascensión.

He mencionado anteriormente que me había faltado el proceso y lo que Dios me mostró en Hechos 2 me proveyó la estrategia. Sin embargo, la mejor estrategia solamente produce resultados cuando aceptamos el poder del Espíritu Santo.

No debemos olvidar que el poder sobrenatural de Dios fue el elemento determinante en la iglesia del primer siglo; este poder condujo al avivamiento en diversos momentos de la historia, y hasta hoy continúa transformando las vidas y las congregaciones.

Nunca me sentí calificado para ocupar las responsabilidades que he tenido en el ministerio, y quizás ninguno de nosotros estamos calificados para guiar a la iglesia en una renovación. Esto simplemente significa que todos tenemos una poderosa razón para depender completamente de Dios y de la dirección y el poder del Espíritu Santo.

En realidad nada podemos hacer separados de Dios, pero con Dios todas las cosas son posibles.

Hay esperanza.

UNIDAD II
DESCUBRAMOS EL CORAZÓN DE DIOS

6 LA FORMACIÓN DE DISCÍPULOS LLENOS DEL ESPÍRITU

El poder del Espíritu es vital para un líder efectivo y una iglesia vibrante. Aunque nuestra meta son las iglesias llenas del Espíritu, debemos reconocer que las iglesias no se edifican con ladrillos y cemento sino con un material mucho más valioso: las personas.

El material principal y básico de cualquier iglesia son las *personas*. En el centro del proceso Hechos 2 están los discípulos llenos del Espíritu que tienen una relación con Jesús, experimentan la plenitud del Espíritu Santo, aprenden las Escrituras, y participan con el pueblo de Dios. De hecho, el objetivo principal de todo el proceso Hechos 2 es ver creyentes transformados en seguidores de Cristo plenamente desarrollados que pueden producir otros creyentes.

Si hacemos discípulos, el resultado natural será una comunidad fuerte y de fe robusta; pero si simplemente intentamos agregar personas, difícilmente tendremos discípulos. Los discípulos llenos del Espíritu son absolutamente vitales.

Aquí es donde una vez más encontramos la importancia de la verdad a nivel relación o de experiencia. Aprender y hacer (educación y esfuerzo) sin un encuentro con el Espíritu Santo es contraproducente, es una obra estéril, que no produce vida, y destinada al fracaso.

Nuestras iglesias no necesitan cristianos agradables, fabricados según un patrón; necesitan sacerdotes investidos de poder.

SANA DOCTRINA Y DISCIPULADO

Sin duda, la sana doctrina es fundamental para el fortalecimiento y la eficacia de la iglesia, y es imposible tener discípulos sanos sin una sana doctrina. La verdad de Dios forma y moldea al pueblo de Dios para la vida y el servicio.

Si bien es cierto que muchas iglesias están satisfechas con su proceso de hacer discípulos, las alarmantes estadísticas muestran que muchas iglesias tienen deficiencias en la enseñanza, que las generaciones venideras están dejando la fe a un ritmo alarmante, que los cristianos profesantes conocen cada vez menos el contenido de la Biblia. Los resultados son aterradores.

Dave Kinnaman, presidente del grupo Barna, afirma: «En casi cada estudio que conducimos, que representa millares de entrevistas cada año, los cristianos fracasan en mostrar en su actitud y en su conducta la evidencia de una vida transformada».[2]

El presidente del seminario, el Dr. Albert Mohler escribe en su página web: «Los cristianos que no tienen conocimiento bíblico son producto de las iglesias que marginan el conocimiento bíblico. La enseñanza bíblica ahora representa solo una fracción menor del tiempo y la atención de la congregación local».[3]

Muchas de nuestras iglesias han abandonado la escuela dominical como herramienta de discipulado, pero no ofrecen otra alternativa para el estudio sistemático de la palabra de Dios. En resumen, nuestra habilidad de desarrollar discípulos investidos de poder depende de nuestra habilidad para discipular.

Al igual que la Gran Comisión, esta es una tarea imposible si nos apoyamos solo en nuestra propia fuerza o ingenio. De manera que si no somos renovados e investidos de poder por el Espíritu Santo para cumplir nuestras tareas, no podremos crear un ambiente para que la generación venidera experimente el poder y la presencia de Dios de una manera que también enseñe la sana doctrina.

Sin embargo, no necesitamos unos cuantos programas más. Necesitamos discípulos que experimenten el poder del Espíritu.

¿Qué debemos hacer a fin de cumplir la tarea de hacer discípulos? Jesús le dijo a sus discípulos: «esperen».

¿Estamos esperando todavía?

ESPEREN

Es interesante notar que una de las últimas palabras de Jesús no fue «vayan» sino «esperen». ¿Qué debían esperar los discípulos?

El propósito de Jesús no era que comenzaran la Gran Comisión sin que tuvieran el poder para cumplir el mandato. Jesús dijo: «quédense en la ciudad» (Lc. 24:49) y «ustedes serán bautizados con el Espíritu Santo» (Hch. 1:5) Jesús sabía que ellos no podrían hacerlo solamente con su ingenio. Ellos necesitaban una *inmersión*. En Hechos 1:8, leemos la promesa, «recibirán poder».

Los discípulos necesitan la *investidura de poder* del Espíritu.

Parece que muchas personas han intercambiado la experiencia pentecostal por la sobriedad. Porque han visto algunas locuras (de personas que se comportaban locamente antes de que fueran llenas con el Espíritu Santo), muchos han rechazado la experiencia de un encuentro con el poder del

----

> Parece que muchas personas han intercambiado la experiencia pentecostal por la sobriedad.

Espíritu Santo. Es importante la sana enseñanza en la clase, pero nunca debe reemplazar la oración y la renovación de la investidura de poder que resulta de la búsqueda del Espíritu de Dios y sus recursos para nosotros.

Recuerde, lo que Jesús quiere que hagamos es *imposible*. Nos es difícil amar a nuestros enemigos, perdonar a los que nos ofenden, formar discípulos llenos del Espíritu, o andar de una manera sobrenatural para llevar las buenas nuevas a cada rincón del mundo por nuestro propio esfuerzo. Tenemos graves problemas de capacidad. Debemos creer que todavía se escriben poderosas historias, y después debemos escribirlas en nuestra iglesia, sea ésta grande o pequeña, y la vida de los discípulos llenos del Espíritu son nuestras cartas.

En el capítulo anterior, hablé de que en realidad nunca me sentí listo para la tarea que Dios me asignó. Conforme contemplamos la tarea que tenemos por delante, debemos entender que Dios no está esperando para capacitarnos con más poder en el momento de cada tarea. En realidad, si tenemos al Espíritu Santo, *¡ya tenemos todo el poder que necesitamos!*

ÉL NO ES NUESTRO ÚLTIMO RECURSO

Esto puede sonar como sutil semántica, pero siga leyendo, creo que la investidura del Espíritu tiene más que ver con el «pre» que con el «pos». Permítame explicar.

El Antiguo Testamento revela que el pueblo de Dios continuamente se envolvía en situaciones difíciles y clamaba a Dios: el Mar Rojo se abrió, un hacha flotó, un pastor de ovejas derribó a un gigante, cayó maná del cielo, o algún otro hecho milagroso los rescató.

Nosotros hemos reforzado una conducta similar en nuestros discípulos. Decimos: «Dios, rescátame, cuando se me acaban las fuerzas, cuando se agotan todas las opciones, cuando ya no puedo seguir adelante». Sí, hay veces cuando necesitamos milagros, pero piense en esto: si Dios quiere que edifiquemos una iglesia, cambiemos una vida, restauremos una familia herida, o alcancemos a un grupo de personas que no conocen el mensaje de Cristo, ¿acaso no sería más fácil que lo hiciera Él mismo? O es posible que nos deje intentarlo una y otra vez, y cuando se nos agoten los recursos, Él intervenga y realice lo imposible.

Él hizo exactamente eso muchas veces antes del día de Pentecostés. Jesús pudo haber enviado sus discípulos con la garantía de que aparecería en los momentos inesperados y los ayudaría en las situaciones difíciles. En cambio, Jesús dijo que ellos recibirían poder, el mismo poder del Espíritu que operó en Jesús, *antes* de que vivieran esas circunstancias. El Espíritu Santo vino sobre ellos, su poder moró en ellos, y *así* fue como ellos crecieron como iglesia.

En el Antiguo Testamento, la unción descendía sobre las personas de manera esporádica, cuando estaban agotados o sin esperanza. Bajo el Nuevo Pacto, la unción está continuamente a nuestra disposición y antes de que se presente la necesidad, proveyendo los recursos necesarios para cada discípulo de Cristo investido de poder. Juan nos dice: «Porque el Santo les ha dado su Espíritu» (1 Jn. 2:20, NTV).

Ya tenemos al Espíritu Santo. No tenemos que trabajar con nuestra propia fuerza, ni tropezar, caer, o pedir que alguien nos rescate. Podemos orar y movernos porque hemos sido capacitados por el Espíritu para avanzar con su guía y poder para cumplir la obra de Dios en la tierra.

> La investidura del Espíritu debe ser nuestro principal pensamiento, esperanza, y anhelo, no nuestro último recurso.

La investidura del Espíritu debe ser nuestro principal pensamiento, esperanza, y anhelo, no nuestro último recurso.

DISCÍPULOS TRANSFORMADOS

Anteriormente, hablamos de la importancia de la obra transformadora del Espíritu Santo. Veamos esto otra vez en el contexto del discípulo investido de poder del Espíritu, específicamente, el de una generación con hambre de experiencias.

Los discípulos que han sido investidos con el poder del Espíritu no tienen experiencias aisladas de poder sino un proceso de completa transformación. Pablo lo describe con las siguientes palabras: «Así, todos nosotros, que con el rostro descubierto reflejamos como en un espejo la gloria del Señor, somos transformados a su semejanza con más y más gloria por la acción del Señor, que es el Espíritu» (2 Co. 3:18).

Cada uno de nosotros avanzamos en un proceso espiritual. En este proceso, tenemos una guía bíblica para seguir creciendo. Para ilustrar este modelo de crecimiento, hemos definido cinco clases de personas que vienen a nuestras iglesias cada semana.

- **Incrédulos**—personas que no han recibido a Cristo como Señor y Salvador de su vida.

- **Creyentes**—personas que han recibido a Cristo como Señor (sistema de creencia) pero que todavía no se han convertido en aprendices que obedecen la palabra de Dios (conducta).

- **Discípulos**—personas que adoptan las enseñanzas y las prácticas del crecimiento en Cristo y lo muestran en un estilo de vida consecuente con la palabra de Dios.

- **Siervos - líderes**—personas que han crecido en la dirección, en los caminos, y el tiempo del Señor y comparten su conocimiento de Cristo con otros, de manera que ellos también puedan aprender la dirección, los caminos, y el tiempo de Dios. Ellos participan en diversos aspectos de la vida de la iglesia (limpian el templo, ayudan en el altar, dan la bienvenida a las personas, ayudan al pastor, enseñan la Biblia, etc.)

- **Reproductores**—personas que sirven como mentores de otros a través de una relación.

La meta es que cada creyente crezca y madure, que avance de gloria en gloria. El ejemplo clásico de este proceso es la vida de Pedro, el discípulo que tuvo increíbles altibajos. Pedro reconoció a Jesús como el Mesías, pero momentos después Jesús lo reprendió porque al parecer habló influido por Satanás. Pedro es muy conocido como el discípulo que salió de la barca y que luego se hundió cuando dejó de mirar a Jesús, además él fue quien dijo categóricamente que nunca abandonaría a Jesús, pero llegado el momento huyó y lo negó tres veces.

El mismo hombre que no pudo responder a la joven sierva, descubrió *apopthengomai*, el habla inspirada por el Espíritu que le invistió de poder para que hablara a millares después del Pentecostés. También es el mismo hombre que en otro momento se dejó dominar por sus debilidades, se asoció con los judaizantes y descuidó a los creyentes gentiles. Esto sucedió después de que tuvo la visión del lienzo que descendía del cielo, la cual allanó el camino para que el evangelio llegara a los gentiles. Es el mismo hombre que escribió las cartas conocidas como 1 de Pedro y 2 de Pedro que, según la tradición, es cabeza de la iglesia en la tierra. Pedro conocía la fuente de la verdadera vida espiritual: el evangelio de la gracia. En su segunda carta, Pedro describe el proceso del crecimiento espiritual de las elecciones virtuosas al amor auténtico, y luego explica:

Porque estas cualidades, si abundan en ustedes, les harán crecer en el conocimiento de nuestro Señor Jesucristo, y evitarán que sean inútiles e improductivos. En cambio, el que no las tiene es tan corto de vista que ya ni ve, y se olvida de que ha sido limpiado de sus antiguos pecados. Por lo tanto, hermanos, esfuércense más todavía por asegurarse del llamado de Dios, que fue quien los eligió. Si hacen estas cosas, no caerán jamás, y se les abrirán de par en par las puertas del reino eterno de nuestro Señor y Salvador Jesucristo (2 P. 1:8–11).

Ciertamente este es el testimonio de un hombre cuya vida como un creyente no fue una obra de un solo acto sino un proceso de transformación a través del tiempo. Pedro cambió después del Pentecostés pero ese no fue el fin de su experiencia de vida, lo cual debe darnos esperanza a todos nosotros.

Como describe el proceso de crecimiento espiritual de Pedro, todos estamos en el estado de *llegar a ser* —ninguno hemos llegado. Somos discípulos en progreso.

TENEMOS LO QUE ELLOS QUIEREN

Esta generación tiene hambre de experiencias, lo cual es evidente en la fascinación con lo paranormal, la fuerza sobrehumana, y lo místico. Las personas que anhelan imitar a ciertos héroes y recibir poderes han llenado las salas de cine para ver al *Hombre Araña, Superman, el Señor de los anillos, Los Vengadores, La saga del crepúsculo*, e incluso *la Guerra de las galaxias*.

Una generación que tiene hambre de experimentar algo más allá de lo natural, busca poder y se preocupa de lo paranormal. Desde amenazantes adolescentes vampiros en la *Saga del crepúsculo* hasta los curiosos adolescentes magos en *Harry Potter*, abundan las historias de personajes con poderes extraordinarios. El público puede reconocer la naturaleza mística de las historias, pero ellos están entretenidos e inspirados con los héroes que se levantan por encima de las masas y desafían a un mundo, cambiante e incierto.

Todos los mitos apuntan a una historia que es absolutamente verdadera: un gran Rey que viene a rescatar a su pueblo. Un gran conflicto nos amenaza a todos, pero el Rey es el héroe principal que se ofrece como sacrificio por nosotros. Felizmente, nuestra historia no surge de un mito. ¡Es completamente, absolutamente, y maravillosamente verdadera! Creo que esta generación entiende una verdad subyacente de la vida, hay una realidad más allá del mundo material y un poder mayor está obrando en este universo. Están listos para una experiencia transformadora.

Debemos considerar un privilegio que vivimos en esta época. Más allá de solamente recopilar verdades simbólicas de personajes míticos, como seguidores de Cristo podemos experimentar una presencia y un poder verdadero más allá de la capacidad humana. Podemos ser investidos de poder por el Espíritu.

Lo que esta generación desea, nosotros lo tenemos, y podemos experimentarlo a diario. E incluso más, a través de un discipulado en el poder del Espíritu, ¡podemos impartir la misma experiencia transformadora a una generación hambrienta!

Muchos líderes de la iglesia hablan de cómo se debe alcanzar a los de la generación milenial (quienes nacieron después de 1980) y muchos están facilitando la experiencia de quien busca una iglesia. Creo que la clave de permanecer pertinente no está solamente en cambiar nuestras reuniones de adoración sino en crear un ambiente donde ellos puedan experimentar el poder del Espíritu Santo.

Todos estamos en la búsqueda de mejores respuestas; sin embargo, lo que necesitamos no son mejores respuestas sino mejores preguntas. Nuestras preguntan se han enfocado en nosotros, las personas en la iglesia. Las mejores preguntas son respecto a ellos, las personas fuera de nuestras iglesias con quienes debemos establecer relaciones. Las buenas preguntas deben centrarse en ellas, y esas mejores preguntas nos darán las respuestas que necesitamos.

Debemos preguntarnos con cuánta eficacia estamos demostrando esta experiencia y con cuánto éxito estamos participando en ella. Tenemos lo que esta generación anhela, pero, ¿acaso saben ellos que lo tenemos? ¿Acaso estamos tan ocupados siendo buscadores que tememos hablar del Espíritu Santo cuando Él debería ser la tarjeta de identificación ante una generación deseosa de experimentar su poder?

VIVIR MUERTO

No podemos edificar discípulos en nuestras iglesias sino hasta que primero experimentemos esta investidura de poder del Espíritu y la mostremos a un mundo hambriento. Los líderes en el cuerpo de Cristo están respondiendo al llamado de Cristo a la iglesia con entusiasmo y una vida cambiada.

En estos términos, una tendencia que está a la vanguardia es el Movimiento Vivir Muerto, donde los jóvenes entregan su vida a Dios tan radicalmente que desean fervientemente ir a los campos misioneros más difíciles, lugares donde podrían ser perseguidos e incluso matados. Los discípulos jóvenes, investidos del Espíritu están comprometiéndose por centenares para Dios, dando todo lo que tienen para sujetarse a Cristo, para ser apóstoles a los no alcanzados, y abandonar todo lo que los retiene. Están aprendiendo que obedeceremos al Señor Jesucristo y su comisión conforme volvamos a la sencillez de sujetarnos a Él, avanzando juntos para plantar una iglesia donde no lo hay, y aceptando el sufrimiento y la persecución por amor al nombre de Jesús como nuestra realidad normal.

Estos varones y mujeres jóvenes están deseosos de tener una relación auténtica con el Espíritu Santo. Ellos no están buscando algo fácil, y no se preocupan por las cosas de este mundo. Ellos quieren experimentar la realidad de vivir el evangelio en los lugares más hostiles del mundo. Mientras escribo esto, aunque no ha sucedido, muchos de ellos están dispuestos a morir por esta causa, para Vivir Muerto.

Un miembro del equipo *Vivir Muerto* en África del Norte escribe:

Cuando matan o encarcelan a uno de nuestros misioneros, enviamos más misioneros. Cuando nuestros misioneros fracasan y nuestros equipos decaen, nos arrepentimos, revisamos nuestra estructura, mejoramos nuestra preparación, capacitación, cuidado pastoral, y enviamos nuevos equipos.

Ningún ataque físico o espiritual nos detendrá de vivir entre las personas más hostiles y proclamarles con amor el evangelio en el nombre de Jesús.

¡No nos detendremos!

Las personas que tienen pasión por Dios dejan que el Espíritu Santo quite los límites de lo que ellos piensan que Dios puede hacer. Están listos para cualquier cosa por lo que creen, incluso morir.

¿Qué pasaría si nuestras iglesias tuvieran esta clase de fervor inspirado por el Espíritu? ¿Qué pasaría en su pueblo o ciudad si las personas en sus iglesias estuvieran dispuestas a vivir como quien ha muerto a todo para alcanzar al herido y al perdido?

Nunca ocurrirá con mensajes emocionales ni programas o iniciativas, y la empresa es demasiado grande para que la cumplamos solo con nuestro esfuerzo. Sin embargo, sí puede suceder cuando el Espíritu enciende nuestro espíritu, porque Dios está listo para investir de poder a los discípulos de Cristo en todo nuestro afligido mundo.

7 EVALUACIÓN

La experiencia que tengamos del poder del Espíritu Santo es tan necesaria como un plan estratégico y proceso. Los planes identifican las metas y la dirección. Sin embargo, si usted no sabe dónde se encuentra, no sabrá cómo llegar a su destino.

El marco de relación con la investidura de poder que he estado describiendo, propone un proceso de transformación para toda edad y etapa del desarrollo espiritual de la congregación. El Espíritu Santo nos guiará en un proceso de relación con el Hijo de Dios, la palabra de Dios, el Espíritu de Dios, y el pueblo de Dios. Después de que haya leído este libro y haya comprendido el contexto del proceso Hechos 2, se sugiere que haga una evaluación de su iglesia. Encontrará instrucciones en este capítulo, y la hoja de evaluación que se incluye en el Apéndice.

Si la meta de su congregación es una transformación según el modelo Hechos 2, para convertirse en una iglesia investida de poder, debemos preguntarnos que están experimentando nuestras iglesias. Si no es esto, ¿qué debemos cambiar? Sea sincero respecto a su realidad espiritual actual.

La voluntad de Dios es que su iglesia sea saludable y cumpla su misión. El camino a una iglesia saludable, no importa su tamaño o antigüedad, comienza con las interrogantes correctas acerca de nosotros mismos y nuestra situación actual como discípulos en el poder del Espíritu.

¿Somos saludables? ¿Podemos al menos estar de acuerdo con el término de una «iglesia saludable»? Y tal vez mucho más fundamental, ¿tenemos el valor de evaluarnos con sinceridad? Debemos considerar lo que ha sucedido en nuestra congregación en los últimos tres años y reconocer que esto es un probable indicador de lo que sucederá en los próximos tres años.

Si queremos cambiar nuestros resultados, Dios debe cambiar nuestro corazón. Entonces, con la guía de Dios, cambiaremos de rumbo, nuestra manera de relacionarnos, y nuestras actividades. Una evaluación rigurosa y sincera es el paso inicial. Si lo que estamos haciendo no da resultado, debemos cuestionarlo. Si no estamos experimentando el poder del Espíritu, debemos buscar con fervor nuestra propia renovación como también la de nuestra iglesia.

Parte del proceso Hechos 2 es que usemos los medios de evaluación designados para ayudar a las iglesias a determinar su condición actual y después, prescribir un camino para recobrar la salud y obrar conforme a lo que hemos descubierto.

Toda iglesia debe hacerse las siguientes preguntas:

1. ¿Cuál es nuestra misión? (Misión)
2. ¿A dónde vamos? (Visión)
3. ¿Cómo debemos comportarnos? (Valores)
4. ¿Cómo llegaremos allá? (Plan estratégico)
5. ¿Cómo haremos participar a los nuevos? (Evangelizar / Ir)
6. ¿Cómo los trataremos cuando lleguen? (Conectar)
7. ¿Cómo los discipularemos? (Crecer)
8. ¿Cómo los entrenaremos para servir? (Servir)
9. ¿Cómo los inspiraremos para que sean misionales? (Ir)
10. ¿Cómo los ayudaremos a encontrarse con Dios? (Adorar)

Finalmente, debemos preguntarnos con sinceridad si somos los líderes correctos para este tiempo y lugar. ¿Tenemos un llamado divino para esta iglesia? ¿Es la iglesia nuestro público, o es Dios nuestro público? Debemos preguntarnos y responder a quien estamos tratando de complacer, a las personas o a Dios. Y, en esencia, si estamos pastoreando iglesias que ya no avanzan o están en declinación, debemos decidir si estamos dispuestos a buscar ayuda.

El éxito futuro de nuestra iglesia y la iglesia como cuerpo depende de las respuestas a estas preguntas y muchas otras. Nuestra sinceridad y candidez para responder a estas preguntas de evaluación será lo que determine el tipo de respuestas que obtengamos y si son útiles o no.

EVALUACIÓN DE LA CONGREGACIÓN

He formulado algunas preguntas bastante directas acerca de la actual condición de su iglesia. Es necesario que usted entienda algo muy importante: reconocer la condición de la iglesia no tiene como fin desanimarlo o deprimirlo al extremo que deje lo que está haciendo. Mi meta es inspirar esperanza en usted. Recuerde que la iglesia es de Dios y que Jesús es quien la edifica. No importa la situación presente o la realidad actual, es posible que haya transformación.

Para adoptar el modelo Hechos 2, lo primero que una iglesia debe determinar es su realidad presente. Cuando una iglesia decide participar en este proceso, primero debe evaluar su posición en las etapas de la vida de una iglesia para verificar que su visión, sus relaciones, sus programas, y su administración están debidamente alineadas. Conforme la iglesia madura y comienza a perder su orientación misional, los programas y la administración predominan más que la visión y las relaciones.

Los ciclos de vida de una iglesia

"The Life Cycle and Stages of Congregational Development", por George Bullard Jr., 2001. Usado con permiso.

Cuando la iglesia alcanza su madurez, si no hay una proyección de la visión intencional y continua, un establecimiento de relaciones, y un crecimiento del ministerio, la iglesia se moverá del lado ascendente de las etapas de su vida al lado descendente.

No importa en cuál etapa de su vida se encuentre la iglesia, siempre habrá esperanza. Cuando una iglesia se encuentra en la cima de su vida o en el lado descendente donde la visión se ha debilitado o casi no existe, creemos que por el poder del Espíritu Santo, es posible definir una visión que sea cautivadora y espiritualmente motivadora. Esta visión renovará la esperanza, el ministerio y el crecimiento de la congregación.

«La transformación no es un destino. Para las congregaciones no es un lugar al cual se llega y la travesía de transformación se considera finalizada. Es una travesía continua. Las congregaciones no se transforman solo una vez. Se encuentran en constante transformación. La congregaciones que se transforman constantemente integran a su cultura el proceso de una continua transición y cambio.»[4] Cuando comencé a dirigir a los pastores, Dios me inspiró para capacitarlos y animarlos y también a sus iglesias de una manera específica. Hemos elaborado una encuesta para nuestros pastores y hemos identificado ocho necesidades. Preparé un currículo para tratar estas áreas de necesidad. Cada mes, hay un día de enseñanza, y yo y otros disertantes tratamos una de esas necesidades. Lo hicimos durante todo el año y luego repetimos el ciclo de manera que muchos pastores pudieran participar.

En la página de Recursos al final de este libro, incluimos una lista de herramientas, evaluaciones, y otros recursos que puede encontrar en nuestro sitio Web. Visite nuestro sitio para bajar la evaluación de la congregación. Solo tardará unos minutos en completarlo. Descubrirá en cual de las cinco funciones su iglesia marcha bien y cual necesita atención.

Hemos incluido en este libro una evaluación para que lo complete a nivel de congregación, y como hemos hablado, este camino a una iglesia saludable comienza con las preguntas acertadas, y luego con las respuestas del Señor. Por favor, dedique unos minutos para completar con sinceridad la evaluación en el Apéndice I; deje que el Espíritu lo guíe.

LAS FUNCIONES NO SON UNA OPCIÓN MÚLTIPLE

Su punto de partida para ampliar su potencial en el reino es evaluar su realidad actual a la luz de las cinco funciones que encontramos en Hechos 2:42–47. Preguntamos a cada iglesia que pasa por el proceso Hechos 2, cuál de las cinco funciones, *conectar, crecer, servir, ir,* y *adorar,* piensan que es su mayor fortaleza. Casi cada iglesia dice que su fortaleza mayor es adorar o conectar (compañerismo), y casi todos citan ir (evangelismo) como su función más débil.

La respuesta a esta pregunta de una iglesia en particular fue reveladora porque ella expuso la necesidad de una evaluación sincera. Cuando hice esta pregunta, los diez o doce adultos mayores en el equipo del pastor dijeron que adorar era la función más fuerte. Cuando pregunté por qué, ellos dijeron: «¡Oh, nuestra música es maravillosa! Todos sienten la presencia del Señor. ¡Es maravilloso!».

Sin embargo, una pareja más joven en el grupo menearon la cabeza en desacuerdo. Era obvio que ellos tenían un punto de vista diferente de los miembros mayores del equipo. Todos los demás miraron a esta pareja joven, y fue un momento de vergüenza, pero ellos reconocieron que no había conexión. La joven pareja eran líderes del equipo de jóvenes, y ellos señalaron que a los santos de mayor edad les encantaban cantar himnos, pero que esas canciones no tenían un impacto en los jóvenes de esa iglesia.

En el curso de un año, esta iglesia trabajó duro para idear una estrategia para que la iglesia avanzara a donde querían llegar, pero solamente pudo comenzar cuando evaluaron su condición presente con toda sinceridad.

Un hombre mayor de otra iglesia comenzó el proceso Hechos 2 con los brazos cruzados. Parecía que estaba allí en contra de su voluntad. Sin embargo, durante la evaluación, comenzó a abrirse y a llorar cuando vio lo que resultaría si ellos continuaban en la dirección que iban. Este mismo hombre finalmente se convirtió en un líder por todo su esfuerzo de hacer «mejores» preguntas.

Todas sus preguntas trataban acerca de «nosotros», las personas que ya estaban en la iglesia. Las mejores preguntas eran acerca de «ellos», las personas que querían atraer a la iglesia.

Cuando dejaron de hacer preguntas equivocadas, comenzaron a recibir las respuestas acertadas.

Cerca del final de su esfuerzo de provocar un cambio, ellos hicieron un video donde mostraba a este líder anciano, que había estado en la iglesia por lo menos unos treinta años. El video mostraba al hombre parado en una encrucijada en un camino de tierra. En el video, él decía que era tiempo de que la iglesia tomara un nuevo rumbo. El pidió que todos lo siguieran, y así fue como esta iglesia presentó una nueva visión y dirección a su congregación.

Era tiempo que ellos recobraran la salud, pero antes tenían que hacer las preguntas acertadas y una evaluación honesta. Sin estas preguntas difíciles y quizás respuestas más difíciles, ellos nunca habrían hecho los cambios necesarios.

Esa misma elección es la que nosotros debemos hacer: ¿Estaremos dispuestos a enfrentar la verdad y hacer lo que sea necesario para provocar un cambio en nuestra iglesia?

SUPOSICIONES

Tenemos algunas consideraciones importantes cuando examinamos la salud de la iglesia, pequeña o grande. La primera es si el tamaño de una iglesia es el mayor indicador de su salud. Aunque la lógica dice que una iglesia saludable seguirá creciendo numéricamente, también es cierto que los discípulos están creciendo espiritualmente en una iglesia que no crece en asistencia. Tenemos la tendencia de pensar que «mayor es mejor». El hecho es que las congregaciones pequeñas pueden ser saludables, enfocadas en las misiones, y eficaces en marcar una diferencia en su comunidad. Ellas a veces son la única iglesia local que influye en esa comunidad.

La verdad es que mayor solamente significa más grande. Una iglesia no es necesariamente mejor o más efectiva simplemente porque es más grande. Nuestro deseo es tener iglesias saludables, vibrantes, de todo tamaño que sean renovadas por el poder del Espíritu Santo.

Usted está leyendo este libro porque quiere ser un mejor líder y quiere que su iglesia crezca, en profundidad y numéricamente.

Sin embargo, el mejor enfoque es crear un ambiente saludable, un invernadero donde las personas puedan crecer en amor por Dios, los unos por los otros, y por las personas fuera de la iglesia. Si usted crea un ambiente saludable y confía en Dios para el crecimiento, entonces éste vendrá.

8 MISIÓN

El proceso de la iglesia Hechos 2 comienza con la comprensión de la misión de la iglesia. La misión de la iglesia del Nuevo Testamento es invariable. Es la misma para hoy como lo fue en los días en que Cristo ascendió, y es la misma para cada iglesia. En el contexto de nuestro proceso, usamos el término *misión* como el objetivo de Dios para la iglesia del Nuevo Testamento.

Nuestra misión, que denominamos la Gran Comisión, fue establecida con las palabras de Cristo en el monte de la ascensión: «Por tanto, vayan y hagan discípulos de todas las naciones, bautizándolos en el nombre del Padre y del Hijo y del Espíritu Santo, enseñándoles a obedecer todo lo que les he mandado a ustedes. Y les aseguro que estaré con ustedes siempre, hasta el fin del mundo» (Mt. 28:19–20).

La Gran Comisión se centra en el sistema de creencias que Cristo enseñó, y es la que establece el propósito de la iglesia. Tenemos el mandamiento de adorar al Señor con todo lo que tenemos con el fin de ganar al perdido, capacitar a los creyentes para que sean discípulos, usar nuestros dones de ministerio, y buscar ambientes de comunión donde establecer conexión.

Lo que a menudo llamamos la Gran Comisión sirve de guía para nuestras creencias, nuestras actitudes y acciones, la manera en que cumplimos esta Gran Comisión. Jesús explicó la Gran

Comisión, y el amor es lo primero y lo más importante: «Ama al Señor tu Dios con todo tu corazón, con todo tu ser y con toda tu mente» le respondió Jesús. Éste es el primero y el más importante de los mandamientos. El segundo se parece a éste: «Ama a tu prójimo como a ti mismo» (Mt. 22:37–39).

A la luz de nuestra misión para hacer discípulos, a veces olvidamos que el *amor* es la fuerza principal que debe gobernar cómo cumplimos nuestra misión. Pablo nos exhorta que si no hay amor, que es la evidencia de la investidura del Espíritu, las lenguas, la profecía, y la fe que mueve montañas, es vacía y sólo un címbalo que retiñe, que no tiene utilidad alguna.

> Es importante tener tanto amor que dirija nuestra misión como también la investidura del Espíritu para cumplirla.

Es importante tener tanto amor que dirija nuestra misión como también la investidura del Espíritu para cumplirla.

La misión de la iglesia perdura a través de cada uno de nosotros. Como líderes, es nuestra responsabilidad hacer discípulos de las personas que llevarán este mensaje a los que buscan la verdad y la esperanza.

Mi amigo Denzil Miller ha escrito copiosamente acerca del Espíritu Santo y la misión de Dios. En su libro, *El Espíritu Santo en las misiones*, escribe: «La iglesia enfrenta un gran desafío. Más de dos mil años atrás, Jesús comisionó a su iglesia para que llevara el evangelio a cada nación y etnia de la tierra. Hoy, como nunca antes, esa meta es posible de alcanzar. En la actualidad, los expertos en misiones hablan de terminación, o de completar la comisión de Cristo.»[5]

¿Cómo podría suceder esto? ¿Acaso es posible? Es posible, pero únicamente con la capacitación de Dios. Lo invito a que crea en una renovación fresca y en la investidura de poder para el cumplimiento de nuestra misión.

PERSONAS CON UNA MISIÓN

Cuando consideramos cualquier pasaje de las Escrituras, debemos examinar el significado lógico y extraer del texto las aplicaciones de conducta, pero también debemos mirar el pasaje en profundidad. Siempre debemos hacernos esta pregunta: ¿Qué revela el texto acerca del carácter, la persona, y el corazón de Dios? Después debemos dejar que el Espíritu nos guíe a una respuesta sincera. Esta perspectiva de relación es esencial para que desarrollemos una relación más íntima con Aquel que es la Verdad.

Todo tiene que ver con la relación, que es uno de los elementos más importantes que separa el cristianismo de las religiones que se centran en el esfuerzo humano para alcanzar a Dios. Todo surge a partir de una relación con Cristo a través del Espíritu Santo o se inicia en ella. Todo comienza con conocer a Dios y participar de la relación personal que Él nos ofrece a través de la fe en el sacrificio de Cristo.

Fácilmente podemos distraernos «haciendo buenas obras para Dios» en vez de conocerlo y servirle por el gozo insondable que hay en nuestro corazón. Las personas pueden participar en las disciplinas y hacer esfuerzos para cumplir los mandamientos de las Escrituras, pero los que se envuelven en muchas actividades espirituales sin cultivar una relación con Cristo se frustrarán y se desilusionarán, y eventualmente perderán toda su vitalidad. Cuando operamos en nuestra propia fuerza, pronto descubriremos que nuestras motivaciones, fuerza de voluntad, y hábitos no son suficientes. Cuanto más parece que lo avanzamos sin confiar en el propósito y el poder de Dios, tanto más crece nuestro orgullo.

Para el discípulo en el poder del Espíritu, el conocimiento y las obras de servicio resultan de una relación con Cristo. Ellos son el reflejo de su obra en nosotros en vez de convertirse en objetivos en sí mismos.

HAGA LA MISIÓN HUMANA

El amor es la manera en que llevamos adelante nuestra misión, pero la relación es la que da carácter *humano* a la misión, le provee un cuerpo, rostro y personalidad. Cuando lo más importante es la persona que entra por las puertas de la iglesia, es inaceptable la actitud que se interesa solo en lo que pueden ofrendar y el crecimiento numérico que podemos ostentar. Estas personas sentirán un llamado al discipulado solamente cuando sean aceptadas en una relación y vean crecimiento en propia relación con Jesucristo.

Para muchos, estas relaciones requieren de un sentido de propiedad; la persona quiere sentir que ha invertido a fin de sentirse parte de las cosas. Cuando estaba en First Assembly of God, en North Little Rock, pasamos por un proceso de edificación. Curiosamente, no fue un arquitecto quien hizo las sugerencias más importantes para el diseño del proyecto.

Con mi esposa, en la casa pastoral los primeros dos años en First Assembly of God, y un miembro de la congregación, llamado Verl Simpson, era nuestro vecino. Nuestras casas estaban muy bien ubicadas frente a la iglesia y en un interesante sector de la ciudad. El hospital para veteranos tenía una unidad para personas con desafíos mentales, y a veces algunos de ellos que salían a vagar por el vecindario, llamaban a la puerta y nos pedían dinero. Verl Simpson decidió que sería el protector de mi esposa y de mi hija, particularmente cuando yo no estaba en casa.

Verl, un madrugador, siempre me desafiaba a que me levantara más temprano, ¡aunque él mismo tenía que tomar una siesta a las once de la mañana! Naturalmente este era un tema de bromas, y yo (un consumado pájaro nocturno) le decía que cuando quisiera desperdiciar mi día durmiendo, me levantaría muy temprano como lo hacía él.

Un día Verl le dijo a mi esposa, Johanna: «Ese esposo tuyo está decidido a trasladar la iglesia, ¿verdad?» Él no esperó que ella respondiera, sino que dijo: «Bueno, yo no iré. A quién sea que él venda la iglesia, me convertiré en un feligrés de ella. Si la vende a una iglesia bautista, me haré bautista. Si la vende a los católicos, me haré católico».

Verl no era el único que expresó su desacuerdo; por años, incluso antes de que yo llegara, la iglesia había estado dividida acerca de lo que se debía hacer con la propiedad. De manera que cuando ya era el tiempo de comenzar la construcción, sabía que necesitaba más personas en la junta. Invité a un grupo a la iglesia para un refrigerio a fin de presentarles muestras de todo lo que habría en el nuevo edificio. Tenía retazos de alfombra, muestras de asientos bancas, y todos los diagramas en la pared. El arquitecto estaba presente para responder a las preguntas y explicar los diseños. Yo esperaba que esto disipara los temores y los recelos.

Bueno, el tío Verl, como lo llamábamos, decidió venir. Tenía las manos en los bolsillos y una mirada de desaprobación. Él miró todo sin decir una palabra. Lo observé de reojo y me pregunté que estaría pensando. Noté que al acercarse a los planos de la estructura, los examinó por un buen tiempo.

Después de que examinó los planos del arquitecto, se acercó a mí y me preguntó: «¿Pastor, donde está el arquitecto? Tengo una pregunta para él».

Gruñí en mi interior, pero traje al arquitecto para que nos hablara. «Estoy mirando a la plataforma, ¿verdad?», preguntó Verl. El arquitecto confirmó así era, y Verl continuó. «Bien, me parece buena la ubicación del equipo audio-visual, pero no creo que la distribución permita un adecuado flujo del aire sobre la plataforma. Mi pastor merece tener aire fresco cuando predica».

El arquitecto levantó la ceja, pero los dos hombres dieron una revisión al diseño. Finalmente el arquitecto dijo: «Señor Simpson, creo que tiene razón. Creo que es un descuido que debe corregirse».

Una gran sonrisa se dibujó en la cara de Verl. Su pecho se llenó de aire, y su actitud cambió completamente. Él había hecho un aporte; había desafiado al arquitecto y había ganado.

Verl se quedó y conté con su apoyo el resto del camino, nos ayudó como promotor del nuevo edificio que él «ayudó a diseñar». Incluso él y su esposa se mudaron más cerca de la iglesia, y él continuó sirviendo como acomodador. Le dimos a Verl Simpson todo el crédito por su aporte, y cuando nos mudamos al nuevo edificio, con frecuencia decía que si no hubiera sido por él, yo estaría sudando mientras predicaba.

Las personas marcan una gran diferencia, y cuando ellas contribuyen y se sienten dueños del proyecto, ¡se sorprenderá de lo que pueden hacer! Puede que sea ridículo pensar que el éxito o el fracaso de una tarea pueda depender de una persona, pero definitivamente así es.

¿Puede una persona cambiar todo? Bien, una persona algo difícil cambió un componente pequeño pero clave de nuestro edificio, y su aporte fue importante para que pudiera cumplir la misión y la visión de Dios para nuestra iglesia con comodidad y serenidad.

La iglesia se constituye de individuos, cada uno cumple la comisión de Cristo en la tierra y puede recibir la visión divina para su vida y para la vida de aquellos que alcanzan. Cada uno de nosotros podemos hacer un aporte importante cuando mostramos al mundo nuestra visión de una vida conectada con Dios, que cumple su misión para la iglesia.

¿PUEDE UNA SOLA PERSONA HACER LA DIFERENCIA?

¿Puede una persona cambiar *todo*?

Podemos decir con confianza que Abraham Lincoln cambió su mundo, desde la escritura de su discurso de Gettysburg, que inspiró a una nación, hasta ver el sufrimiento de todo un país por causa de una cruenta guerra civil que contribuyó a la abolición de la esclavitud. Winston Churchill vio a Inglaterra y los aliados pasar por un tiempo de oscuridad y algunos de los peores momentos en la segunda guerra mundial e inspiró a las naciones libres a seguir luchando contra la tiranía de Hitler en Alemania. Ciertamente el mundo hubiera sido diferente si Hitler hubiera cruzado el Canal de la Mancha. Posiblemente todos estamos de acuerdo que Nelson Mandela, que pasó más de veinte años en la cárcel por su oposición al *apartheid*, contribuyó a la sanidad de todo un país con su actitud magnánima hacia sus antiguos enemigos y cuando salió de la prisión como hombre de edad mayor se convirtió en un respetado presidente en Sudáfrica. La vida de pobreza de la Madre Teresa y su dedicación a otros fue tan poderosa que no solamente cambió la vida de las personas en la India, sino que fue la plataforma para que su compasión cambiara la vida de millones de personas alrededor del mundo.

Una persona *puede* marcar una gran diferencia. Los nombres que he citado son apenas algunos de los héroes de la humanidad, pero usted no necesita ser uno de esos modelos para marcar esa diferencia.

¿Acaso es posible que incluso la hija adolescente de un drogadicto pueda hacer lo mismo?

EL FRASCO DE CONSERVAS

¿Puede una persona realmente adoptar la Gran Comisión y el Gran Mandamiento? Años atrás, mientras recibía las ofrendas de las misiones, una niña de seis años de edad trajo un frasco de conservas que contenía doce dólares y cuarenta y cinco centavos. Ella me dijo: «He estado ahorrando dinero para comprar una casa para mi madre, pero quiero dárselo para esas biblias». Su madre era una adicta a la anfetamina, que enfrentaba veinte y tres delitos graves y tres años en prisión. La pequeña niña no sabía que con lo que pudiera guardar en un frasco nunca compraría una casa. Todo lo que sabía era que algo estaba mal en su hogar, y ella quería arreglarlo.

Yo no quería tomar ese dinero de la niña, y traté de devolverlo porque sabía en parte su situación. Yo conocía a su abuelo que era un pastor. Su madre, la hija del pastor, había sido criada en la iglesia, había asistido a la escuela dominical, y siempre participaba en los campamentos de la iglesia. Pero ella se había apartado del camino y se había convertido en una persona disfuncional. Su hijita estaba presente la noche que yo prediqué en la iglesia de su abuelo porque el tribunal había ordenado que los abuelos cuidaran de ella. Eso era lo que yo sabía y la razón de que no soportaba la idea de tomar el contenido del frasco de conservas.

Sin embargo, ella insistió con tal vehemencia que tomé el frasco y entregué el dinero para comprar algunas biblias para China. Su acción de generosidad fue una inspiración para otros. Más tarde, la invité a ella y a sus abuelos a un banquete de misiones donde estábamos recogiendo fondos para comprar más biblias, y cuando conté su historia, los presentes fueron conmovidos y prometieron ofrendar más de dos millones de dólares para la compra de biblias.

El poder de la fe de una pequeña cambio muchas vidas. Ella llenó un frasco de conservas con doce dólares y cuarenta y cinco centavos, pero como la moneda de la viuda, esa fue una semilla en las manos de Dios. Ella pensó que podría comprar una casa, pero el Espíritu Santo tenía el propósito de restaurar su hogar. Ella plantó una semilla, y con ella no solamente inspiró millones de dólares para la compra de las biblias sino que produjo fruto en su propia familia.

Milagrosamente, cuando su madre se presentó ante el juez para enfrentar las consecuencias de sus acciones, ella no recibió lo que esperaba. «Usted no es digna de misericordia», le dijo el juez. «El agente de libertad condicional dice que usted es el peor de los casos con que ha lidiado. Usted ha perdido su hogar, su esposo, su trabajo, su dignidad, y sus hijos». Hizo una pausa, considerando, antes de decir algo inesperado: «No sé porque lo hago... pero le daré una oportunidad más».

En vez del presidio, ella fue enviada a una institución de rehabilitación, y la verdadera cosecha de la semilla de esa pequeña niña fue la salvación y la liberación de su madre.

Diez años después, esa madre se convirtió en una líder de alabanza en la iglesia y hoy canta alabanzas a Dios casi cada semana. Tuvieron problemas, incluso recaídas, pero el poder de la fe de una niña fue crucial en la vida de su madre y todavía inspira a muchos cada vez que comparto su historia.

Tenemos una misión como iglesia corporativa que no podemos cumplir sin las personas.

EL PODER QUE HAY EN UNA PERSONA

Cuando hablamos acerca de la iglesia, pensamos de un cuerpo de personas que buscan y sirven a Dios unidas. Pensamos en el poder de la «unidad» y en lo que Dios puede hacer a través de un líder fervoroso y un grupo de cristianos investidos de poder.

Aunque es importante que entendamos el poder de la «unidad», la «unidad» no puede ocurrir si una persona no se ofrece como voluntaria.

La «unidad» comienza con solo una persona.

Cuando hablo de «uno», pienso en una canción contra la que solía predicar: «Uno es el número más solitario». Aunque el compositor tenía razón que una persona sola puede sentirse solitaria e ineficaz, ellos no estaban completamente en lo cierto. Solo se requiere que una persona adopte la misión universal de la iglesia para marcar una extraordinaria diferencia. A través de la historia de la iglesia, Dios usó la visión, el amor, y el valor de las personas para cambiar el curso de la historia. En muchos casos, estas personas parecían ser los candidatos menos probables para la grandeza, pero ellos fueron suficientemente humildes para reconocer dos factores esenciales: su insuficiencia y la suprema suficiencia de Dios. Confiando en Dios, ellos cambiaron el mundo.

La renovación de cualquier iglesia comienza cuando tan solo una persona capta la visión de la investidura del Espíritu Santo para cumplir la misión de Dios en la tierra. Una persona no puede salvar al mundo, pero una persona con esperanza puede iniciar algo muy importante: la renovación.

9 VISIÓN

Cada iglesia tiene la Gran Comisión como su misión; no es necesario que votemos al respecto. Sin embargo, cada iglesia necesita una visión única, que es como cumpliremos la misión, y la visión de cada iglesia puede ser tan personal como el ADN. De la misma manera es tan importante que entendamos que cada iglesia comparte la comisión universal de ir y rescatar al perdido. También es vital que definamos la visión de la iglesia que dirigimos.

A menudo la palabra *visión* se malinterpreta, pero para nuestros propósitos, una visión es nuestra comprensión actual de la preferencia futura de Dios para una persona, grupo, o congregación. Stephen Covey la define de esta manera: «La visión es la mejor manifestación de la imaginación creativa y la principal motivación de la acción humana. Ella es la habilidad de ver más allá de nuestra habilidad presente, para crear, inventar lo que todavía no existe, y llegar a ser lo que todavía uno no es. Nos da la capacidad de vivir nuestra imaginación en vez de nuestra memoria».[6]

Visión es la habilidad de explorar valerosamente las posibilidades. Comprende quiénes somos y aquello para lo que estamos exclusivamente diseñados. Responde la pregunta, «¿adónde vamos?» y «¿por qué hacemos esto?» e imagina la vida más allá de los límites presentes. Se basa en la verdad, pero transciende la realidad actual. Une a las personas, las ayuda a enfocarse en un destino, y las impulsa a avanzar a pesar de las circunstancias.

La visión siempre implica un riesgo e invita la crítica, especialmente a las personas a las que Dios les ha dado el sueño que se convierte en visión. Erwin McManus, pastor de Mosaic Church en los Ángeles, escribe: «Desde el principio, Dios ha levantado hombres y mujeres que tuvieron la capacidad de ver. Ellos comprendieron los tiempos en que vivían. Ellos comprendieron el contexto al que fueron llamados. Ellos percibieron y anunciaron».[7]

Uno de los principales problemas en las iglesias, especialmente aquellas cuyo crecimiento se ha estancado, es la pérdida de la visión. Las personas olvidan la razón de que están ahí. Con frecuencia no es el pastor quien no tiene visión; son las personas quienes han perdido la razón de su propósito como iglesia. A continuación viene el declive, y este es el resultado del enfoque interno.

La iglesia tiene una misión, pero nosotros también tenemos una visión de cómo sería un mundo reconectado con Dios. Nuestra visión es nuestro sueño, que todos lleguen al conocimiento de la verdad de Cristo, que sean salvos y que la relación con el Padre se restablezca. Nuestra visión debe enfocarse hacia afuera, pensando en «ellos» y no en «nosotros». Sin una visión, perecemos.

VER LO QUE NO HAY

He hablado con muchos líderes que se amedrentan ante la palabra visión, típicamente porque ellos no la entienden o ven con temor la idea de establecer una visión para la iglesia. Con frecuencia hablo a los líderes que me dicen que no están seguros de cómo pueden desarrollar una visión, de manera que quisiera disipar el misticismo que hay en torno a la descripción de una visión.

Procuro simplificarlo preguntando: «¿cómo sería su iglesia si Dios estuviera a cargo de ella e hiciera todo conforme a su voluntad?» Algunos no entienden el punto y me dicen que Dios ya está a cargo, pero si somos realmente sinceros, podemos reconocer que hay cosas en cada iglesia en las que Dios todavía quiere obrar.

Sencillamente, la visión es la habilidad de ver lo que no hay.

¿Cómo aprendemos esto? La única manera de ver lo que no hay es a través de los ojos de Dios. La declaración de una visión para su iglesia no sugiere el desarrollo de su propio material visionario sino lo que Dios ya ha soñado para su iglesia.

Le daré una pista: el sueño de Dios para su iglesia siempre incluye a las personas.

> La declaración de una visión para su iglesia no sugiere el desarrollo de su propio material visionario sino lo que Dios ya ha soñado para su iglesia.

RECIBA UNA VISIÓN AL OBSERVAR A LAS PERSONAS

Un cierto amigo mío es un ejemplo perfecto de un pastor atemorizado por el establecimiento de una visión para su iglesia. Él había sido elegido recientemente como nuevo pastor de una congregación, y descubrió que en su sexto domingo, el día de su instalación oficial como pastor, el mensaje sería en tres partes. Un ministro jubilado y antiguo miembro de la congregación hablaría durante unos diez minutos acerca de donde había estado la iglesia. Luego el superintendente dedicaría otros diez minutos para explicar lo que debe ser la iglesia, y después el nuevo pastor compartiría su visión para el futuro de la iglesia.

Después de haber descubierto el plan, mi amigo sintió pánico, ya que no tenía una visión clara para la iglesia. ¡Apenas había desempacado sus pertenencias y se había reunido solamente con algunos miembros de la congregación en el breve tiempo que había estado ahí! Comenzó a orar, y sus oraciones se volvieron más desesperadas a medida que el gran día se aproximaba.

Ese día, mi amigo todavía no sabía lo que presentaría. El ministro jubilado describió maravillosamente las ocho décadas de historia de la iglesia, el superintendente explicó magistralmente el propósito y la misión de la iglesia como cuerpo, y mi amigo subió al púlpito sin saber todavía lo que diría.

Se paró allí torpemente por unos segundos antes de repentinamente notar la mirada sonriente de Amanda, una niña de siete años de edad que había conocido un poco antes. Bajó de la plataforma y se acercó a la niña que estaba sentada junto a sus padres. Sin saber en realidad lo que estaba haciendo, le pidió que se parara y comenzó a conversar con ella. Él le dijo lo que esperaba que sucediera en su vida por ser ella parte de esa iglesia. Le dijo que quería que creciera y se convirtiera en una gran mujer de Dios, y que siempre tuviera la seguridad de que su familia de la iglesia la amaba. Él quería que ella sintiera que siempre pertenecería a esa iglesia y que algún día conocería allí en esa iglesia a aquel varón de Dios con quien pasaría el resto de su vida. Cuando él le dijo que se sentara, la madre de la niña y muchas otras damas se estaban secando las lágrimas.

Después mi amigo se acercó a un joven militar y le dijo lo que siempre encontraría ahí por ser parte de esa iglesia. Él le dijo que esperaba que siempre se sintiera bienvenido, que fuera un buen ejemplo, y que él y su prometida contrajeran matrimonio y vieran su sueño cumplido en esa iglesia. Mi amigo le habló también de la misma manera a una pareja joven, y a una madre soltera y sus hijos. Después concluyó con sus palabras a un anciano viudo que estaba en la segunda fila.

Más tarde mi amigo confesó que no entendía lo que estaba sucediendo, hasta que el ministro jubilado lo abrazó con lágrimas en los ojos y el superintendente le estrechó la mano vigorosamente mientras lo felicitaba por «la mejor visión que alguna vez había escuchado».

A cada persona le repitió una misma frase, que alguien después se la citó: «Usted dijo que quería que cada uno de ellos supieran que pertenecen a este lugar. Esto es lo único que repitió, y le dijo esa frase a cada uno de ellos».

En los próximos años, surgió una visión clara para la iglesia: Sería un lugar donde las personas desarrollarían un sentido de pertenencia, donde pudieran dar una abrazo y establecer conexiones con otras personas, y donde todos siempre se sintieran acogidos, sin importar las decisiones que hubieran hecho en la vida o el estilo de vida que hubieran tenido. Sería un lugar donde «el sentido de pertenencia sería el principio de creer y de llegar a ser», como ellos después lo explicaron.

Mi amigo comprendió ese decisivo domingo que uno no puede descubrir la visión de Dios para su vida o para su iglesia hasta que observa a las *personas*. ¡Puesto que ellas son el especial interés de Dios!

La visión no son los edificios, los planes, o los números. No se trata de programas o herramientas del ministerio.

La visión es que seamos la clase de personas y la clase de iglesia que Dios creó.

> La visión es que seamos la clase de personas y la clase de iglesia que Dios creó.

EL JUEGO DE AMANDA

Después de relatar esta historia, nos gusta jugar lo que llamamos el Juego de Amanda en nuestras conferencias Hechos 2. Lo que básicamente hacemos es lo que mi amigo hizo por Amanda; pedimos que los líderes de una iglesia que están sentados juntos digan por turno la visión que tienen para una «Amanda» que se designe en esa mesa. Cada persona en el salón dedica treinta segundos o un minuto para expresar lo que anhela para el futuro de «Amanda».

Por supuesto, la importancia real del juego no está en el ejercicio durante la conferencia sino en su implementación cuando ellos regresan a su iglesia. Les damos una tarea: practicar mentalmente el Juego de Amanda en su iglesia. Los instamos a que dejen que sus pensamientos fluyan a las personas que ni siquiera conocen y que después reúnan al equipo de líderes para comentar los resultados del ejercicio.

Los instamos a no limitar esta discreta proyección de la visión a los domingos en la iglesia sino que aprovechen el ejercicio como una oportunidad de enfocar la atención más allá de la iglesia, en su comunidad, y después en compartir la visión con su comunidad. ¡Imagine cuán poderosa puede ser su visión cuando el equipo de líderes está de acuerdo en proyectarla a toda una comunidad!

Instamos a los líderes de la iglesia a que comprendan que la visión no es solamente sus propios «buenos pensamientos» para las personas. ¡Las visiones que los equipos comparten son componentes de la *visión de Dios* para su iglesia y su comunidad!

Este es el secreto de la visión. Ella no solamente representa nuestros sueños y ambiciones para nuestra iglesia y la comunidad. La verdadera visión es la visión de Dios para nuestra iglesia, nuestro vecindario, y nuestra ciudad. Dios pone esto en nuestro corazón cuando nos ejercitamos para escuchar. Ya está ahí, pero debemos extraerlo.

Pregúntese a sí mismo ahora mismo que diría a sus «Amandas». Comience a practicar el Juego de Amanda con las personas en su iglesia y con quienes se encuentre cada día, la madre soltera en la tienda de comestibles, la persona que lo atiende en la cafetería, el hombre sin hogar en la esquina de la calle con su cartel de cartón.

¿Cuál es la visión de Dios para estas personas? Extraiga esto de su espíritu y luego continúe esta práctica cada día. Practique el juego con sus compañeros líderes de la iglesia y luego compare notas. Cuando vea las similitudes, comenzará a notar que la visión toma forma.

No se desanime ni se atemorice al establecer una visión para su iglesia. La visión no es una palabra que asusta. No está mal definida ni es volátil, difícil de entender, y fácil de perder. No es algo que se busca; es algo que descubrimos en nuestro espíritu. Está en el corazón de Dios. Él pone la visión en nuestro espíritu a través de su Espíritu Santo, y espera que la captemos y obremos conforme a ella.

Como una nota al margen, la pequeña Amanda de siete años de edad ya terminó la escuela secundaria como la primera de su promoción y estudia en la facultad de medicina. Cuando dio su discurso de graduación de la escuela secundaria, ella refirió muchas de las mismas cosas que mi amigo le dijo aquel domingo. Lo curioso es que ella tenía entonces solo siete años, aunque es probable que ella no recordara exactamente lo que el pastor le dijo, ella sí recordaba que estaba parada sobre una silla.

Sin embargo en su discurso, ella inconscientemente repitió el cumplimiento de casi toda la visión que el pastor le dijo ese día. La visión que expresó el muy preocupado y asombrado pastor provenía del mismo corazón de Dios.

¿A cuáles vidas les expresará usted hoy una visión?

PERSONAS: ¿OBSTÁCULOS O RECURSOS?

No hay una manera única de desarrollar o dirigir una iglesia. Si Dios escoge una persona y la une a la congregación, y ellas trabajan juntos en una meta común que tiene como fundamento una visión compartida e inspirada por el Espíritu Santo, esa iglesia prosperará. No es necesario que sea similar a otra iglesia en el área. Si Dios ha levantado al líder y las personas se mantienen unidas, una iglesia puede tener un gran impacto. Este es el poder que usted y su equipo de ministerio reciben al vislumbrar la voluntad de Dios a través del Juego de Amanda.

Sin embargo, debemos hacernos esta pregunta: si nuestro impacto es menos de lo que esperamos, ¿acaso no necesitaríamos que nuestra visión se renovara? Es probable que sí necesite una renovación. Después de todo, si la visión es la comprensión presente del futuro que Dios prefiere, pero nuestra visión es vieja y anticuada, entonces ya no es actual, ¿verdad?

Al esforzarnos para llevar adelante una visión personal o para un cuerpo de creyentes, enfrentaremos muchos desafíos, cualquiera de los cuales podría desviar o demorar la visión. Para mejor o para peor, aunque es necesario contar con un grupo para cumplir una visión colectiva, las personas del grupo pueden ser los mayores obstáculos para esa visión. Ellas también pueden ser los mayores catalizadores para el cumplimiento de la visión de Dios.

Todos los que han tratado de guiar a otros para que hagan algo saben que no siempre las personas compartirán su visión para la iglesia. Y ese hecho puede significar un problema.

DESARROLLO DE UNA VISIÓN INSPIRADA POR DIOS

La visión de Dios para la iglesia siempre tiene como enfoque las personas. No se trata de edificios, programas, ni iniciativas.

Me gusta preguntar a las personas cómo quisieran que fuera su iglesia si hubiera riesgo de fracaso. Casi siempre, la respuesta de los líderes de la iglesia habla de programas, pero un programa no es una visión. Otros responden con un lema. Una visión no es un lema.

Una visión capta el sueño de Dios para la iglesia; al redactar una buena visión se debe incluir la misión universal de la iglesia y las cinco funciones que Dios entregó a la iglesia del primer siglo. A medida que aprenda más de cada una de estas funciones en los capítulos siguientes, tenga en cuenta: Usted presentará una visión para cada una de estas funciones, y ellas no son una selección múltiple. Una visión integral para su iglesia debe hablar del amor a Dios y a las demás personas, que se debe manifestar en las cinco funciones: *conectar, crecer, servir, ir, y adorar.*

La declaración de su visión es su oportunidad de definir su iglesia, pero tenga en cuenta: ¡podría recibir exactamente lo que pide! Por ejemplo, una cierta iglesia con líderes compasivos tenía la visión de atender a las personas heridas. Esta se convirtió en un imán que atrajo a los heridos y quebrantados de corazón, y muchas personas recibieron amor y atención práctica. Sin embargo, no tenían una visión clara de cómo ayudar a estas personas a madurar y servir a otros. ¡Muy pronto el pastor y los demás líderes se sintieron abrumados por todas las necesidades! La iglesia tuvo gran éxito en conectarse con las personas heridas, pero lucharon con las demás funciones de una iglesia próspera.

¿ESTÁ USTED DISPUESTO A CAMBIAR SU REALIDAD?

Al buscar la visión inspirada por Dios, debemos reconocer unas cuantas cosas que pueden impedir que veamos las posibilidades y las oportunidades. Estas «anteojeras» pueden incluir la negación, la complacencia, los éxitos pasados, los fracasos pasados, la agenda personal, y las conjeturas generalizadas o ideas preconcebidas. Una iglesia que ha tenido problemas en sus finanzas pero que finalmente está segura es probable que sea muy cautelosa ante cualquier situación que pudiera significar un riesgo financiero. Un pastor que es un excelente maestro puede depender de su propia habilidad para atraer una multitud en vez de desarrollar un gran equipo de líderes y voluntarios. Una iglesia que ha pasado recientemente por una campaña de construcción tal vez esté muy agotada para trabajar. En esta y muchas otras circunstancias, las personas pueden perder su visión para cumplir el llamado de Dios.

El proceso Hechos 2 en parte trata de eliminar estas anteojeras, y por eso es muy importante la sinceridad en la fase de evaluación y la disposición a ser guiados por el Espíritu Santo. Esta es mayormente la razón de que en primer lugar necesitamos un proceso y de que al principio del libro enfatizamos la necesidad de estar dispuestos a cambiar.

Debemos sacarnos las anteojeras y usar lentes espirituales porque la manera como percibimos las cosas definirá nuestra realidad presente. Aprender a ver la vida y cambiar a la luz de la palabra de Dios nos ayudará a ver lo que Dios ha propuesto para nosotros. Aprender a escuchar a Dios a través de su Palabra, el testimonio del Espíritu, y el consejo justo puede ayudarnos a discernir su visión.

Es importante observar que una visión inspirada por Dios no pasa por alto la verdad o la realidad. Debemos estar dispuestos a evaluar con sinceridad las circunstancias a fin de reducir la brecha entre la realidad presente y las posibilidades futuras de nuestra visión.

Una visión es nuestra comprensión presente del futuro que Dios prefiere, y el enfoque de ese futuro es las *personas*. No niega la realidad; cambia la realidad de aquellos que han sido tocados por la visión. Esas mismas personas pueden ser el mayor obstáculo para la visión, pero también pueden ser sus mayores recursos.

La pregunta para cada uno de nosotros es doble: «¿Estamos dispuestos a amar y a orar por aquellos que se resisten a la visión, y pedir a Dios que, aunque sean nuestros más grandes obstáculos, los convierta en nuestros mejores aliados?» y «¿podemos presentar una visión con la que ellos estén conforme y quieran ser parte de ella?»

Si queremos, podemos capacitar a las personas para que se conviertan en discípulos investidos de poder que lleven adelante la misión de la iglesia y la visión de Dios en la tierra.

10 VALORES ESENCIALES

Si la misión es universal y nuestra visión es cómo cada iglesia puede implementar esa misión, los valores esenciales serían la personalidad de la iglesia. Los valores esenciales son los que nos distingue como persona o como iglesia. Para un cuerpo de creyentes, los valores esenciales son como el ADN: son la mezcla única de los ingredientes que definen la identidad de una iglesia. Ellas también proveen límites y parámetros de cómo se comporta una iglesia.

El conjunto de valores de una iglesia provee a los miembros un sentido de dirección y conciencia de lo que es más importante para su iglesia. Los valores determinan las prioridades, forman las conductas, las actitudes, acciones; dirigen los procesos; gobiernan las relaciones; y expresan lo que la iglesia cree. Más que misión o visión, los valores esenciales comunican a los miembros y a quienes no pertenecen a la congregación lo que los distingue y es importante para esa iglesia.

Las iglesias centran sus energías en sus valores esenciales porque estos son los más esenciales a su llamado y visión. De la misma manera, los valores establecen las prioridades de cómo las iglesias ministran a las personas.

Aubrey Malphurs, en su libro *Ministry Nuts and Bolts* [Tuercas y pernos del ministerio], expande la idea de la observación: «Los valores esenciales son primordiales a todo lo que hace la organización.

Ellos son los que definen el ministerio y tienen relación directa con el carácter distintivo de un ministerio. Ellos son los que distinguen un ministerio de otro, y explican por qué algunas personas son atraídas a su iglesia mientras que otras se alejan».[8]

Anteriormente mencionamos que el poder de la unión comienza solo con un individuo. Curiosamente, los valores ayudan a determinar cuándo una persona aceptará una visión y participará en ella. Malphurs continúa diciendo que los valores «dictan la participación personal. Si los valores de un individuo concuerdan con los valores del ministerio, es muy posible que esa persona invierta su vida en ese ministerio».

Nuestros valores esenciales son las cosas que creemos importantes y lo mostramos con nuestra *conducta*. Cuando las personas realmente aceptan la visión, una congregación aplicará a su vida diaria los valores esenciales de una iglesia. No es suficiente declarar los valores; nuestras prioridades auténticas son las cosas que hablamos y que vivimos.

Toda iglesia tiene la habilidad de declarar una visión, pero si los valores no apoyan la visión o no se practican, esa visión fracasará. Finalmente la iglesia creará otra declaración de visión, pero si no hay valores firmes tampoco se cumplirá esta visión porque no han aprendido una lección importante: Cómo obramos determina adonde vamos.

HACEDORES DE LA PALABRA

Aunque cada iglesia establece su identidad a través de su peculiar combinación de valores esenciales, algunos valores son componentes intranzables del modelo bíblico Hechos 2. Nunca debemos dejar de lado nuestras doctrinas fundamentales. Aunque algunas denominaciones y ministerios en nuestra nación desafíen los principios básicos, nosotros debemos reafirmar nuestro compromiso con las verdades bíblicas fundamentales: Estamos comprometidos a cumplir la Gran Comisión y el Gran Mandamiento, y eso es completamente y plenamente Pentecostal.

Esto incluye pero también abarca más que solo el estilo de adoración; alude también a los dones del Espíritu distribuidos en el día de Pentecostés, que son maravillosos, necesarios, y bíblicos. Sin embargo, también lo es el fruto Pentecostal: amor, gozo, paz, paciencia, bondad, benignidad, mansedumbre, fe, templanza, y dominio propio. Una iglesia debe estar investida de poder y ungida si esperamos que también las personas sean ungidas. No debemos depender solamente de programas, planes, y procedimientos sino del poder del Espíritu Santo. Como líderes, podemos ser modelos, incorporando lo sobrenatural con lo pragmático.

Si verdaderamente somos personas conforme a la Biblia, debemos ser hacedores de la Palabra como también oidores. Esto no solamente incluye un Evangelio popular, socialmente aceptable. Significa que tratamos los asuntos difíciles y los modelos controversiales con amor y gracia, y también con firmeza y claridad.

Aunque algunos que se han apartado de sus valores tradicionales encubren sus pecados de la carne, nosotros recordamos que los pecados del espíritu son tan destructivos, si no más. El adulterio de David con Betsabé y el posterior asesinato de su marido fueron pecados horrendos, pero las consecuencias de estos pecados palidecen en comparación a las consecuencia de su orgullo cuando ordenó que se hiciera un censo del pueblo para alimentar su propio ego. Por causa de ese orgullo, setenta mil personas murieron. Esto nos muestra que debemos estar dispuestos a arrepentirnos y aceptar la restauración de los pecados del espíritu que no son visibles, así como los pecados de la carne que todos ven.

No debemos dejar que las personas que llevan un estilo de vida de orgullo, celos, y murmuraciones destruyan nuestras iglesias. Las insidias, el espíritu contencioso, las divisiones, y el enojo prolongado y sin arrepentimiento no tienen lugar en nuestras congregaciones ni en nuestros púlpitos. Por el contrario, las expresiones de gracia, misericordia, y arrepentimiento le muestran a las personas que entendemos las fragilidades humanas y que nos enfocamos en la restauración, no en señalar con el dedo.

> Podemos enseñar lo que sabemos, pero solamente reproduciremos lo que somos.

Como líderes, llevamos la peculiar carga de modelar esta clase de conducta porque nuestros propios fracasos pueden magnificarse en el púlpito. Podemos enseñar lo que sabemos, pero solamente reproduciremos lo que *somos.*

LAS RELACIONES NOS HACEN MEJORES

Hemos dedicado bastante tiempo a hablar acerca del verdadero componente relacional, y creo esencial que nuestras iglesias acepten la vitalidad de las relaciones. La conexión a través de una relación no es solo la clave para alcanzar a los nacidos en la Generación del Milenio y las futuras generaciones; también es un componente vital para desarrollar acuerdos entre las iglesias y las denominaciones. Quizás nunca estaremos completamente de acuerdo en cuanto a estilo, pero podemos aceptar el espíritu de unidad. Es posible que no estemos de acuerdo con los componentes que no son esenciales, ¡y que lo expresemos con una buena actitud! Todos los cristianos somos parte de una gran familia.

Debemos ser de edificación los unos a los otros, convertirnos en recursos para otros, en vez de impedimentos. Las estadísticas recientes muestran que un número cada vez mayor de pastores no siente que tienen amigos con quienes hablar libremente de sus preocupaciones más profundas, sus temores, y sus tentaciones. Este tipo de aislamiento los prepara para un potencial fracaso. ¿Qué pasaría si aceptáramos abiertamente la verdad fundamental que afirma que las relaciones vitales construyen puentes en vez de muros?

DESCUBRA SUS VALORES ESENCIALES

Durante la conferencia Hechos 2, guiamos a los líderes de las iglesias en el proceso para el desarrollo de sus valores esenciales. Recuerde, los valores esenciales son la identidad de su iglesia, de manera que es importante dedicar tiempo a escoger cuatro o cinco valores o principios que su iglesia acepte con toda firmeza.

A continuación, cite las principales seis u ocho mayores fortalezas de su iglesia. ¿Qué comportamientos hacen evidente que éstas son fortalezas? La idea es descubrir los valores que posee una iglesia, basándonos en el comportamiento. Cuando hace una lista de los valores, las fortalezas, y los comportamientos, entonces tiene los componentes básicos para descubrir los valores esenciales de su iglesia.

Los líderes de la iglesia nos dicen que sus valores esenciales son una visión por las misiones, o la investidura de poder del Espíritu, ganar almas, o la transparencia y responsabilidad. Es probable que nos digan cuánto dan para las misiones o el énfasis que ponen para enseñar al nuevo creyente acerca del bautismo en el Espíritu Santo.

Después, los desafiamos a que den ejemplos de los comportamientos en su iglesia que les impide maximizar estas fortalezas. Una cosa es determinar lo que usted cree que es su iglesia; pero otra cosa es identificar los cambios necesarios para avanzar de donde está a dónde quiere llegar.

Después de que los líderes han identificado las conductas no saludables, les pedimos que hablen acerca de las conductas que quisieran adoptar en el futuro. Cuando han definido esas conductas, ellos tienen una idea clara no solamente de la condición presente de la iglesia sino de qué les impide avanzar y dónde les gustaría estar en el futuro. Los resultados de estos tres ejercicios son el comienzo de una declaración de verdad fundamental.

ESCRIBA SUS VALORES

Es una técnica poderosa escribir sus valores en el curso de los múltiples retiros con el equipo de líderes de la iglesia, y lo aliento a que realice este ejercicio, con otros líderes de su iglesia si es posible, mientras lee este libro. Dedique unos minutos a escribir algunas fortalezas que actualmente tiene su iglesia, y después pregúntese qué comportamientos resultan en las fortalezas de la iglesia que dirige. Escriba cuáles comportamientos impiden que su iglesia avance, y luego haga una lista de algunos comportamientos que le gustaría adoptar para seguir adelante.

Los valores esenciales de su iglesia surgirán mientras escribe. Al igual que yo, es probable que usted sabrá subconscientemente que algo comienza a tomar forma en la página. Sin embargo, lo que a mí me faltaba era el proceso.

No basta con conocer subconscientemente las verdades fundamentales. Si quiere que estos valores ayuden a su iglesia a establecerse sobre una base, es necesario que los escriba y haga todo lo posible para que otros los entiendan.

Es probable que lo que escriba sea algo como esto: «Queremos ser una iglesia que aprende, ama, ora, que es humilde, sobrenatural, generosa, comprometida, amena, que adora, que se mantiene unida, que ejerce influencia, y se preocupa de los que están fuera de ella».

Cualquiera que sean los valores esenciales de su iglesia, su forma única y prioridad le dan a la iglesia su identidad personal. Cuando más conciencia tienen los líderes de estos valores y los adoptan activamente, el sacerdocio de creyentes asimilarán la identidad de una iglesia que ellos sentirán como propia.

Una iglesia sin valores esenciales será manejada por las necesidades más demandantes y tratará de suplir las necesidades de todas las personas. Sin embargo, esta es una manera muy dispersa de obrar si se quiere que la iglesia sea verdaderamente eficaz. Su iglesia continuamente tendrá oportunidades. Las personas le presentarán maneras y causas para gastar su dinero y su tiempo. Si usted no ha identificado sus valores esenciales, estas personas lo distraerán con todo tipo de cosas.

Sus valores esenciales dictarán cómo invertirá su tiempo, sus recursos, y su dinero. Con valores específicamente definidos sabrá claramente lo que es más importante para su iglesia.

El hecho es que casi cada iglesia tiene valores esenciales. Sin embargo, muchas no los tienen en la forma de un documento escrito, aunque este simple proceso es muy valioso.

Recuerde que su visión para la iglesia será tan fuerte como los valores que la sustentan. La velocidad de un tren la determina el riel sobre el cual se mueve, y la corriente de un río depende de las orillas que lo contienen. Cuando un tren va demasiado rápido sobre un cierto tipo de riel, podría descarrilarse; cuando un río crece y la orilla no puede contenerlo, las tierras que lo rodean se inundan. El comportamiento de la iglesia debe armonizar con la visión que usted proyecta, o el resultado será un desastre.

> La iglesia será tan fuerte como los valores que la sustentan.

Vemos este mismo principio en el carácter de un líder. Si los defectos del carácter de una persona socavan su ministerio, esto es evidencia de que no ha madurado espiritualmente. Los valores que revelan los comportamientos de su iglesia, ilustran su potencial.

No subestime la gran importancia de esto. Los valores esenciales no bloquean ni limitan. Los valores le muestran el camino al cumplimiento de su visión; pero si no establece valores esenciales claros, sufrirá las consecuencias durante el resto de su proceso.

LA CONFUSIÓN PRODUCE CONFLICTO

Hemos visto muchos líderes que se confunden respecto a sus valores esenciales. No es inusual que una iglesia confunda sus valores esenciales con los modelos de ministerio, los programas, las tradiciones, y las prácticas.

Por ejemplo, una iglesia podría decir: «valoramos los grupos pequeños», pero no reconoce que los grupos son un modelo de ministerio, no un valor esencial. Aunque los modelos de ministerio pueden proveer un enfoque coherente a la labor de la iglesia, el énfasis desmedido en el modelo puede limitar la iglesia a un simple modelo cuando el valor esencial pierde su fuerza.

Es importante evaluar periódicamente lo que da valor a un modelo de ministerio. En primer lugar debemos preguntarnos qué forma parte del ADN de la iglesia y evaluar sí todavía lo es. Cuando usted responde estas preguntas, podrá descubrir de nuevo los valores esenciales que hay *tras* los modelos de ministerio.

Los programas exitosos a menudo terminan en la lista de los valores esenciales de la iglesia. Sin embargo, los programas existen con un propósito, y si examinamos ese propósito, generalmente encontraremos subyacente el valor esencial. La iglesia podría decir: «Valoramos el programa de Royal Rangers [Exploradores del Rey]», cuando la razón de que escogieron implementar el programa fue la necesidad de ministrar a la siguiente generación de varones jóvenes de la congregación. Debemos tener cuidado de que nuestros valores tengan como enfoque la *razón* de lo que hacemos, y no el método o el programa que usamos para alcanzar la meta.

Aunque muchas iglesias no pondrán una tradición en su lista de valores esenciales, la conducta de la iglesia claramente podría mostrar esa perspectiva. Es probable que una iglesia diga que nunca se desvía del orden de su servicio, el pensamiento consistente muestra un valor que se encarece. Sin embargo, cuando seguimos patrones que no tienen propósito, las tradiciones finalmente ahogarán nuestros valores. Tal condición no permitirá que la iglesia responda de manera efectiva a las necesidades cambiantes. Cuando evaluamos las tradiciones y nos preguntamos si han cumplido o no su propósito, y si en el presente solo impiden que la iglesia atienda las necesidades del momento, nos ayudará a removerlas del altar y reemplazarlas con sistemas de valores más pertinentes.

Las prácticas de la iglesia comunican lo que creemos pero no son intrínsecamente valores esenciales. Las iglesias saludables intencionadamente vivirán los verdaderos valores y harán las modificaciones en el ministerio que armonicen con esos valores, en vez de acomodar los valores a sus prácticas.

VALORES ESENCIALES VS. PREFERENCIA PERSONAL

Un amigo mío, era pastor de una iglesia que tenía carteles en el estacionamiento para reservar ciertos espacios para los adultos mayores. Otras carteles en el auditorio indicaban que los asientos de más adelante estaban reservados para las personas mayores.

Mi amigo era un pastor relativamente nuevo en esa iglesia, y una noche en una reunión de diáconos, uno de los líderes de mayor edad de la iglesia habló con mucho fervor acerca de la necesidad de alcanzar a los jóvenes. Él era maestro de la secundaria, y Dios conmovió su corazón al ver a los estudiantes cada día en los pasillos. «Pastor, debemos encontrar la manera de alcanzar a los adolescentes», dijo con mucha convicción.

Cuando la reunión estaba por terminar, mi amigo pastor preguntó si había algo más que el grupo deseaba tratar. El hombre que sentía mucho fervor por alcanzar a los adolescentes, habló y dijo que había un problema.

«Algunos de los adolescentes ocupan los lugares reservados para adultos, tenemos que hacer algo al respecto», dijo el hombre.

Nadie dijo nada por un momento, y aunque mi amigo no quería ofender a este anciano, sintió la necesidad de señalar lo obvio. El pastor dijo: «Sabe, en cada iglesia que he estado, pensábamos que era bueno que los adolescentes ocuparan los asientos de la primera fila».

Al oír esto, el hombre se levantó y salió de la sala. El resto de las personas en esa reunión permanecieron sentadas mirándose la una a la otra por unos momentos antes de finalizar los demás asuntos de la reunión.

Solo unos cinco minutos después, el hombre mismo volvió, cargando todas los carteles de plástico que habían estado en los asientos. Los puso en el basurero y mirando al pastor, dijo con una sonrisa: «Usted no sabe donde están carteles».

A veces lo que nos apasiona no es lo que las personas ven. Esa iglesia estaba pasando por una transición: ellos querían alcanzar a los jóvenes, pero los carteles comunicaban otro mensaje a los jóvenes visitantes: el enfoque de la iglesia era en los adultos. La iglesia mantuvo los carteles en el estacionamiento porque también quería honrar a los creyentes mayores, pero su tradición necesitaba actualizarse conforme a sus valores esenciales.

A veces lo que parece un valor esencial en realidad puede ser algo completamente diferente, una preferencia personal o una «convicción». Aunque típicamente en nuestras iglesias las personas no piensan en términos de valores esenciales, definitivamente sí comprenden las *convicciones*. Las convicciones verdaderamente bíblicas son los confines de nuestros valores esenciales, establecidos por las Escrituras y dirigidos por el Espíritu Santo.

Sin embargo, es posible que los valores esenciales se desconecten o provengan de una mala aplicación de las Escrituras, y en esos casos, podrían dar lugar a convicciones poco saludables. Estas convicciones no están conectadas al Espíritu Santo como suponemos, y a menudo surgen de conflictos personales y heridas disfrazadas de convicción personal. Cuando un líder no es capaz de discernir entre convicción bíblica y convicción personal, las voces que dominan (o las influencias silenciosas) podrían desviar la visión de una iglesia y llevarla por una dirección poco saludable.

Los absolutos bíblicos, las normas comunitarias, y las convicciones personales están todas sujetas a las directrices de las Escrituras y deben reemplazar las creencias y las conductas personales. Sin embargo, cuando la iglesia no opera conforme a valores esenciales bien establecidos, la grey fácilmente podría sustituirlos con sus preferencias y convicciones personales. Estas convicciones están profundamente arraigadas y se desarrollan durante toda la vida de una persona en su andar cristiano. Raramente se las cuestiona, no están escritas, y típicamente son invisibles hasta que surge el conflicto con la visión de la iglesia.

Cuando las preferencias y las convicciones personales reemplazan los valores esenciales, el esfuerzo de un líder con frecuencia cambiará para complacer a las personas, y sucumbirá ante lo que no es saludable porque dejará que cristianos inmaduros dicten el rumbo que debe seguir del liderazgo de la iglesia. Algunos ejemplos de esto pueden ser el estilo de la alabanza, el calendario regular o de eventos, la responsabilidad y la autoridad del pastor, el liderazgo o el control de ciertas personas o familias, y otras posiciones teológicas menores.

> Cuando la iglesia no opera conforme a valores esenciales bien establecidos, la grey fácilmente podría sustituirlos con sus preferencias y convicciones personales.

SOLO VINE A DIRIGIR UNA IGLESIA

Mencioné al principio de este libro que cuando llegué a First Assembly of God en North Little, Rock, nunca había tenido la experiencia de «pastorear», había predicado bastante, pero nunca había realizado las tareas pastorales que son muy comunes. Tampoco nunca antes había dirigido a un cuerpo de creyentes en algo más que una canción.

Cuando llegué a First Assembly of God, ellos querían saber si yo impulsaría un programa de construcción. Mi respuesta fue, «no vine a edificar un edificio; vine a dirigir la iglesia».

El pastor anterior había estado ahí solamente un año. Quien había estado antes que él, había estado tres años, y su predecesor había estado cinco años. Esta tendencia era alarmante, yo tenía treinta y nueve años de edad y sin ninguna experiencia. No me entusiasmaba la idea de dirigir un programa de construcción con una iglesia que no avanzaba y que tenía una base inestable, y sentí que estaba bajo una gran presión de hacer feliz a las personas. Las diversas facciones de la iglesia trataron de ejercer su influencia en mí, y yo sabía que debía resistir la tentación de dejar que la preferencia personal de ellos estableciera el rumbo de la iglesia.

El pastor que había estado allí por tres años había persuadido a la iglesia de que compraran la propiedad, la propuesta fue aprobada por un voto, pero la disensión de esa votación nunca se calmó, y él no soportó la presión. Al pastor que lo sustituyó, no le gustó la propiedad y quiso otra, pero a algunos de la congregación, que antes no les había gustado la propiedad, ahora la querían y *rechazaban* al pastor por querer un nuevo lugar. El también renunció.

¡Me encontraba en un gran lío!

Sin embargo, la iglesia pronto comenzó a crecer. Empezamos a celebrar dos servicios. El resultado es que me convencieron de que debíamos iniciar las gestiones para un nuevo edificio.

No hace falta decirlo, a algunos de los miembros más antiguos de la congregación no les gustó la idea del cambio, especialmente a la persona más anciana de la junta oficial, a quien cariñosamente llamábamos mamá Gregg. Ella no asistía con frecuencia a la iglesia porque estaba muy débil de salud, aunque vivía solo a media cuadra de la iglesia en su casita blanca. Varias de sus amigas vivían cerca en dos edificios de apartamentos diseñados para personas ancianas.

Sabía que ella era la que se oponía, así que pensé en visitarla y ver si cambiaba de opinión. Cuando llegué, ella dijo, «pastor, ¿se quedará usted con nosotros en la iglesia, o se irá con ellos a la nueva iglesia?»

«Mamá Gregg», dije, «usted sabe que habrá solo una iglesia. Todos iremos juntos».

«Oh, no», dijo ella, «usted no entiende». Ella me miró fijamente y dijo: «La gloria reside en la 22 y Franklin». (Esta era la ubicación del presente edificio.)

Traté de explicar que esa no era mi visión, que la iglesia era propietaria del nuevo edificio mucho antes que yo llegara, y que la visión de la iglesia era cambiarse. Ella dijo, «todos ustedes pueden irse, pero algunos no iremos. Nos quedaremos aquí mismo».

Traté de nuevo: «Mamá Gregg, todos irán al nuevo edificio».

Ella dijo, «bien, solo quiero saber, ¿será usted el pastor de ellos, o será nuestro pastor?»

Repetimos lo hablado una y otra vez por un tiempo, y luego finalmente ella fijando sus ojos pálidos en mí, dijo: «Ustedes pueden irse, y posiblemente muchas personas irán con usted, pero déjeme decirle una cosa. Cuando llegue al nuevo edificio, "Icky-bod" (esta era la manera como ella pronunciaba Icabod) estará escrito en la puerta».

¿Cómo podría yo contradecir a la persona más antigua de la junta oficial? Salí, frustrado y con incertidumbre de cuánta influencia tendría ella.

Mientras Charlie, el pastor de jóvenes, y yo regresábamos, él preguntó: «¿Por qué no le explicaste?»

«¿Por qué no vuelves tú y le explicas?» fue mi respuesta.

Él sabiamente calló.

¿Cómo persuadiría yo a esta mujer y a sus sesenta o más amigos que sentían de la misma manera, para que apoyaran la mudanza a nuestro nuevo local? No quería discutir con ella, de manera que oré.

Finalmente, Dios me dio una idea. Compramos un transporte para las personas, un vehículo que nos sirviera para transportar a las personas las cinco millas al nuevo edificio, y recogimos a un grupo de personas mayores de la comunidad de jubilados, ubicada cerca de la iglesia y los llevamos a cenar a una cafetería. Después de la cena, los llevamos al nuevo local donde todo lo que teníamos era una losa de hormigón. Sobre esa losa solo había una diagrama dibujado con tiza.

El diagrama mostraba donde estaría la sala de clases para ellos en la escuela bíblica del domingo. Hablé con ellos acerca de la iglesia y la visión y les dije: «ahora no puedo decirles dónde estará mi oficina. Ni siquiera sé exactamente dónde estará la guardería o la sala de los jóvenes. Sin embargo, sí sé dónde estará la sala de ustedes. Esta es la ubicación».

Traté de disipar sus temores y mostrarles que ellos no quedarían desprovistos de atención. La construcción del nuevo edificio terminó y el tiempo de la mudanza llegó.

Mamá Gregg vino a la iglesia para la última reunión en el edificio antiguo. Uno por uno, todos se levantaron de su asiento y expresaron su entusiasmo por la nueva ubicación, y después apareció Mamá Gregg, y su hijo Pablo la llevó al frente.

Ella quería decir algo.

Me preocupé. Estaba seguro de que ella quitaría el gozo del ambiente cuando dijera que la palabra «icabod» estaría escrita en la puerta. ¡Pero no pude negar la palabra a la miembro más antigua de la iglesia!

Me acerqué a ella y le pasé el micrófono. «Número uno», dijo ella, sacando algo de su bolsillo, «siempre pague su diezmo». Me pregunté qué significaba eso y palmoteé y vitoreé. Sin embargo, ella tenía algo más que decir. *Querido Dios, ahí viene, pensé.* Casi podía oír el sonido del tambor antes del disparo del escuadrón.

Haciendo una pausa para hacer más dramático el momento, finalmente ella dijo: «Siempre siga a nuestro pastor donde sea que Dios lo dirija».

Ella cerró el trato allí mismo. Los ancianos en su esfera de influencia pudieron haber causado una división en la iglesia, y sin dudas lo habrían logrado. Eso habría desviado toda la visión de esa iglesia.

Sin embargo, Dios cambió ese momento en una oportunidad para unificar nuestra iglesia local tras una misma visión para el futuro, y en parte sucedió porque una mujer pudo ver el rumbo que queríamos seguir.

No importa cuan serio sea la oposición de las personas ni el empeño que pongan en sabotear su visión, a veces no es la visión sino el costo de concretarla y el cambio de ritmo lo que asusta a las personas o causa división.

A menudo, las personas solamente tienen *miedo*. Quizás quieren respaldar la visión pero temen que les costará mucho o que todo está sucediendo muy rápido. Mamá Gregg y otras personas mayores se opusieron al cambio porque no sabían adonde los llevaría y si los dejaría sin *participación*.

Si hay temor en el ambiente no es posible conversar ni dar razones. En mi trato con Mamá Gregg tuve que traer a sus amigos para que la ayudaran a entender y aceptar la visión. Tuve que asegurarles que el ritmo y el precio eran soportables, y que ellos estarían siempre incluidos.

Sin embargo, sobre todas las cosas, tuve que orar porque nada podría cambiar a esa hermana a esa edad ¡sino solamente el Espíritu Santo!

Tuve que mantenerme firme y someterme a la visión que Dios me había dado para la iglesia para resistir la tentación de dejar que las preferencias personales de una persona influyente definieran el rumbo de la iglesia.

Usted se encontrará con personas que querrán influir en la dirección de su iglesia, sus decisiones, y los valores de su iglesia. Es importante que cuente con un equipo en quién confiar, ministros del evangelio que lo apoyen, que trabajen juntamente con usted, pero tenga cuidado de no dejar que ninguno influya adversamente en usted o en su iglesia.

Los pastores tienen la responsabilidad de establecer claramente los valores para el resto de la iglesia, y cuando esta labor se combina con nuestra misión universal y la visión de Dios para nuestra iglesia, podremos crear ambientes que fomenten el sentido de pertenencia, el discipulado, y el crecimiento.

Espero que haya aprovechado esta oportunidad para escribir los valores esenciales de su iglesia, porque en el siguiente capítulo combinaremos su misión, su visión, y sus valores esenciales en un plan estratégico para lograr que su iglesia avance de su condición presente adonde quiere llegar.

UNIDAD III
TRANSFORMÉMONOS EN UNA IGLESIA
HECHOS 2

11 EL EQUILIBRIO ENTRE LA ESPIRITUALIDAD Y LA ESTRATEGIA

La pregunta que se debe responder es: «¿Tiene Dios un plan para mi iglesia o no?» Si está de acuerdo conmigo en que Dios tiene un plan para cada iglesia, la siguiente pregunta es igualmente importante: «¿Quiere el Espíritu Santo compartirlo conmigo?»

Todo el proceso Hechos 2 tiene su base en entender que Dios tiene un plan y que el Espíritu Santo quiere revelárnoslo. ¿Por qué *no querría* el Espíritu mostrarnos la dirección que tiene para su iglesia?

Todo esto concuerda con lo que hemos hecho al estudiar los últimos capítulos, la preparación para recibir de Dios. El proceso no es el plan de Dios, sino el medio y el método para descubrir su plan.

Hemos establecido que nuestra misión es universal, comenzamos a desarrollar una visión en torno a las personas, e identificamos los valores esenciales y los comportamientos que reflejan esos valores. Ahora es tiempo de juntar todo esto en un plan estratégico que lo ayudará a avanzar de su condición presente (sus valores) a dónde quiere llegar (su visión).

Ahora volvamos a las cinco funciones bíblicas de la iglesia del primer siglo. Estas funciones que se describen en detalle en Hechos 2:42–47, marcan el camino de los valores a la visión. Las cinco funciones en realidad son un patrón que puede usar para desarrollar un plan para su iglesia, de manera que considere este capítulo la base, una introducción a estas funciones que lo ayudarán a descubrir el plan de Dios.

Sin embargo, antes de hablar de estas funciones, debemos reconocer que sin la investidura del Espíritu Santo en nuestra iglesia, la misión, la visión, los valores, y los planes son simplemente programas. Antes de que hablemos más acerca de una estrategia para edificar un plan sobre las cinco funciones, es importante entender que cualquier plan estratégico encuentra su génesis en la inspiración del Espíritu Santo. Primero debemos enfocarnos en tener la inspiración (piense en la investidura de los discípulos y la predicación de Pedro en el día de Pentecostés) y la renovación, solo entonces tendremos el poder necesario y la perspectiva para implementar cualquier tipo de estrategia.

Lo curioso es que en algunas iglesias, notamos oposición a la revitalización mientras que otras resisten la idea de planear. Algunas no ven la necesidad de la obra del Espíritu Santo o sienten que sus iglesias ya tienen suficiente del Espíritu, y otras obran como si el Espíritu Santo no tuviera lugar en la reunión de planificación. La verdad es que necesitamos al Espíritu Santo en cada componente de nuestra vida y de la iglesia.

Toda iglesia debe anhelar más del Espíritu. La necesidad de renovación no quiere decir que su iglesia esté muerta. Cual sea la condición de nuestra iglesia, todos podemos clamar con Isaías: «¡Ojalá rasgaras los cielos, y descendieras! ¡Las montañas temblarían ante ti… Así darías a conocer tu nombre entre tus enemigos, y ante ti temblarían las naciones. Hiciste portentos inesperados cuando descendiste; ante tu presencia temblaron las montañas» (Is. 64:1–3).

Cuando habló con los seguidores de Juan el Bautista, Jesús les explicó que estaba renovando a los judíos: El ciego vio, el cojo caminó, los leprosos fueron sanados, y el sordo oyó. El muerto resucitó, y las personas recibieron el evangelio. Entonces Jesús dijo algo interesante: «Dichoso el que no tropieza por causa mía» (Mt. 11:6).

Ese es el mensaje que daríamos a cada iglesia: Dichosa es la iglesia que no tropieza por causa de Cristo.

Nos hacemos un gran daño si pensamos que porque somos una iglesia con la investidura del Espíritu Santo nada nuevo ganamos con orar, buscar, y esperar la renovación. Perderemos mucho si suponemos que ya estamos suficientemente llenos del Espíritu en nuestra vida personal y en la iglesia. No se ofenda por mis palabras acerca de la renovación si usted está en una iglesia que ya está experimentando al Espíritu Santo. Por el contrario, considere ésta una oportunidad de alcanzar un nivel espiritual más alto al despertar un hambre mayor por recibir más del Espíritu.

Además, no piense que el Espíritu Santo no tiene lugar en este plan estratégico, porque el mismo Espíritu que nos inspira es el que nos ayuda a conocer el plan de Dios para nuestra iglesia.

LA ARMONÍA ENTRE EL ESPÍRITU Y LA ESTRATEGIA

Una de las iglesias que participaron en el proceso Hechos 2 tenía una historia maravillosa y única, un ejemplo digno de estudio de lo que puede suceder cuando el Espíritu y la estrategia obran juntos.

Cuando comenzamos a trabajar con ellos, había exactamente veinte y ocho personas en la congregación. Curiosamente, quince de ellas eran estudiantes de la secundaria. El pastor principal había sido antes un pastor de jóvenes, y esta era su primera función como líder. La iglesia estaba ubicada en un pueblo virtualmente fantasma, y el edificio de la iglesia era prácticamente el único edificio público en funcionamiento en esa comunidad.

El pastor había traído un equipo de líderes con él, y cinco de ellos eran estudiantes de la secundaria. Lo que más resaltaba respecto de estos estudiantes era su ferviente estilo de oración.

Uno de los miembros del equipo Hechos 2, un domingo de mañana visitó esa iglesia durante una reunión de oración que se celebraba antes del servicio de las 10:15 de la mañana. Esta persona llegó atrasada porque pasó de largo la intersección donde debía doblar, sin embargo entró a una de las reuniones de oración más intensas que jamás había asistido, ¡y los adolescentes la dirigían! El joven líder era un estudiante de secundaria, y la atmósfera era como la de un campamento de jóvenes, aunque también había presentes algunas personas mayores. Los estudiantes se sentaban en las primera fila de la iglesia, y las personas mayores detrás de ellos a manera de apoyo.

El equipo que asistió a la conferencia Hechos 2 consistía del pastor, su esposa, el padre de uno de los estudiantes, y cinco estudiantes de secundaria. El equipo procedió a desarrollar un plan, y se mostraron tan entusiastas en llevar adelante ese plan al igual que sus reuniones de oración. Ellos lanzaron su plan justo antes de que varios de los jóvenes se graduaran de secundaria.

Los estudiantes que se graduaron se preparaban para la universidad conforme el plan daba su fruto. Muy pronto la iglesia comenzó a crecer en vitalidad y número. Todos los nuevos miembros eran familias del área que no asistían a la iglesia, y el pastor tuvo que implementar el discipulado básico porque tenía muchas personas que nunca antes habían abierto una Biblia.

¡Estas eran *exactamente* la clase de personas que los estudiantes habían soñado alcanzar!

Completamente contra las tendencia prevaleciente, en que los jóvenes dejan su comunidad rural y nunca regresan, varios de estos estudiantes decidieron cambiar su plan para estudiar en una universidad más cercana al hogar. Ellos querían ser parte de lo que Dios estaba obrando en esa iglesia como un resultado de los planes que ellos ayudaron a trazar.

Este es un gran ejemplo de lo que puede suceder cuando el Espíritu y la estrategia se juntan en armonía. Un plan no reemplaza el fervor por Dios; mas bien convierte ese fervor en un plan con enfoque y luego lo lleva a cabo.

> Un plan no reemplaza el fervor por Dios; mas bien convierte ese fervor en un plan con enfoque y luego lo lleva a cabo.

A veces obramos como si cualquier cosa del Espíritu Santo tuviera que ser espontánea y pensamos que hacer planes es contrario a ser guiados por el Espíritu. Confundimos ser guiados por el Espíritu con ser espontáneos.

Algunos líderes fracasan en notar que el mismo Espíritu que nos dirige en el momento, también nos inspira en las etapas de planificación. Las reuniones de adoración son un buen ejemplo de esto. Muchos líderes de adoración preparan el repertorio que cantarán, sin embargo quieren que su adoración sea guiada por el Espíritu. La idea es tener un plan, pero mantener la flexibilidad; si el Espíritu espontáneamente inspira una canción al líder de la alabanza o al pastor, debemos dejar que el cambio fluya.

Una visión sin un plan para ejecutarla no es más que un sueño. Sin embargo, cuando definimos nuestros planes bajo la inspiración del Espíritu Santo, nos disponemos a captar el plan de Dios para nosotros y para nuestra iglesia.

PERSONAS CON UN PLAN

La iglesia Hechos 2 era una iglesia llena del Espíritu Santo dirigida por discípulos bautizados y guiados por el Espíritu. Leemos de la investidura de poder de los discípulos en Hechos 2:4: «Todos fueron llenos del Espíritu Santo y comenzaron a hablar en diferentes lenguas, según el Espíritu les concedía expresarse». Más adelante, Pedro confirmó que esto era lo que anunció el profeta Joel, que Dios derramaría de su Espíritu sobre toda carne (véase Hch 2:14–21). Este derramamiento era lo que esperaban los discípulos; era el poder prometido para testificar (Hch 1:8).

Este era el plan de Dios para su pueblo en la tierra. Contrario al pensamiento de algunos, la presencia y la obra del Espíritu Santo no implica la pérdida completa del orden. Dios estableció un *plan* para investir de poder a su iglesia, y leemos acerca de esto en Hechos 2:42–47, donde aclara las funciones o las actividades de la iglesia recientemente formada. El plan comprendía el compañerismo, el discipulado, el ministerio según el don, la evangelización y la adoración. (Es interesante notar que el avivamiento es lo primero que la iglesia experimenta; después, la iglesia se dedica al evangelismo. El avivamiento es periódico; el evangelismo es continuo. El avivamiento no puede durar; el evangelismo no debe terminar.)

No hay nada que Dios haga fuera de orden. Hay un propósito divino en todo lo que hace. De la misma manera, Dios no estableció en esta tierra un modelo fuera de orden y motivado solamente por nuestra interpretación personal de las señales del Espíritu. No, Dios tiene algo en mente, y debido a que tenemos su dirección, somos personas que nos movemos según un plan.

Cuando haya establecido su misión, su visión, y sus valores, será tiempo de desarrollar un plan estratégico basado en el modelo de Dios. Si su visión es adonde usted o su iglesia se dirigirán en los siguientes tres o cinco años, y sus valores esenciales determinarán sus acciones y su identidad, entonces el plan estratégico es cómo avanzará de su situación presente (valores) a dónde quiere llegar (visión). Hemos desarrollado un plan estratégico en torno a las funciones de la iglesia: *conectar, crecer, servir, ir, y adorar.*

Una congregación es como las personas que van en un vehículo. Nuestra visión del futuro ideal es adonde vamos. Nuestra misión es la razón de que vamos juntos en ese viaje. *Conectar, crecer, servir, ir,* y *adorar* son los que van en el vehículo, y nuestros valores y las prioridades que hemos escogido son las reglas del tránsito y el camino mismo. Finalmente, el plan estratégico es *cómo* alcanzaremos nuestro futuro preferido.

Avanzamos en el poder del Espíritu y con un plan.

> Avanzamos en el poder del Espíritu y con un plan.

PASTORES DE LA COMUNIDAD

Una de las historias más interesantes del proceso Hechos 2 fue el resultado de una beca para asistir a la conferencia que regalé en una reunión en Phoenix. Dije que el primero que se levantara y pasara al frente recibiría la beca, y un hombre que estaba en la primera fila corrió al frente inmediatamente. Su esposa, Kassie, en realidad era la pastora, pero ella y Greg eran graduados del instituto bíblico y pastoreaban en una pequeña ciudad en las montañas al noreste de Arizona, un lugar donde la gente va a ocultarse del gobierno.

La comunidad consistía principalmente de personas preparadas para el colapso social y fuertemente armados o mormones extremos, y por una diversidad de razones, sesenta de los ciento ochenta niños en la escuela primaria no tenían una dirección oficial. Muchas personas no tenían un número de Seguro Social porque no querían figurar oficialmente.

Es muy difícil establecer una iglesia allí porque las personas tienen temor de que se las conozca. Imagínese a quien trata de comenzar una iglesia en ese lugar, donde tan pronto conoce a algunas personas, ¡estas desaparecen en la clandestinidad!

Cuando Greg y Kassie recibieron la beca, en la iglesia ya había siete personas, ni siquiera era suficientemente grande como para participar en el proceso. Sin embargo, determinamos que la beca incluiría los gastos para que uno de los miembros de nuestro equipo fuera un fin de semana a ayudarlos a desarrollar una estrategia. Él fue a ese lugar, se reunió con la pareja, y descubrió que eran excelentes líderes, que oraban fervientemente por ese lugar. Sin embargo, era difícil idear un plan para que pudieran ministrar eficazmente a la comunidad.

Una de las siete personas en la iglesia era una mujer que enseñaba el quinto grado en la escuela primaria donde ellos se reunían los domingos. Ellos comenzaron a desarrollar un plan con la idea de conectar la comunidad a través de los niños. De hecho, la meta era *no* construir la iglesia. El plan era que esta pareja fueran pastores de la comunidad. Ellos se dieron cuenta de que las personas nunca vendrían a la iglesia, de manera que ellos irían a las personas.

La estrategia tenía como enfoque la asociación con la escuela primaria, y la pastora y su esposo se propusieron responder a los miembros de la comunidad en los momentos en que necesitaran ayuda espiritual.

Al año siguiente, esta pequeña iglesia estaba muy entusiasmada porque habían tenido más de treinta personas de asistencia el domingo de Resurrección. ¡La mejor parte es que cerca de veinticuatro personas pasaron al frente para recibir la salvación! Unos años después, Greg fue a trabajar como consejero y capellán en un programa de rehabilitación de las drogas y del alcohol. Kassie es la pastora de la iglesia y trabaja en una tienda de abarrotes, pero en toda esa comunidad son conocidos como la pastora Kassie y el pastor Greg. Todos en esa comunidad saben dónde ir cuando necesitan ayuda espiritual.

El plan que trazaron fue el elemento clave en esta extraordinaria historia. Nuestra manera de pensar sugería que la iglesia era muy pequeña para el proceso Hechos 2, ¡sin embargo para Dios no lo era! Él tuvo que revelarnos un plan porque nuestra manera de «pensar tradicional» no habría dado resultado en esa comunidad. El plan de ellos requería una renovación del pensamiento, y el Espíritu Santo los guió a una solución fuera de lo convencional para alcanzar a esas vidas.

EL PLAN SE CENTRA EN LAS PERSONAS

El enfoque principal del plan estratégico debería ser la capacitación de las personas para que lleguen a ser lo que Dios espera de ellas, y no sólo el cumplimiento de nuestros programas. El plan estratégico emplea los programas y los ministerios de la iglesia, pero recuerde este punto: el plan se centra en las personas.

Una visión toma la misión y los sistemas bíblicos de la iglesia y los organiza para alcanzar el futuro que se prefiere, comunicando hacia dónde se dirige la iglesia. En los próximos capítulos, dedicaremos más tiempo a estas funciones bíblicas como parte del proceso que nos lleva de dónde estamos a dónde queremos llegar. Su desafío será definir lo que cada una de las cinco funciones significa para su iglesia de modo que se pueda desarrollar una declaración de visión para cada una.

Usando el modelo de las cinco funciones bíblicas, usted comenzará a descubrir el plan de Dios. Para muchos pastores y líderes, esto será el plan más claro que haya desarrollado para su iglesia, y eso es lo que hace de este programa una herramienta tan singular y maravillosa. El modelo Hechos 2 no limita a las iglesias; sino que se centra en ayudarlas para que oigan de Dios mediante la provisión de un modelo que las ayudará a enunciar su plan.

12 CONECTAR

En nuestro contexto actual, *conectar* es más que compañerismo. Es ofrecer hospitalidad y recibir a los visitantes con calidez de modo que quieran regresar y participar en el cuerpo de creyentes. Tiene que ver con nuestras relaciones en el plano horizontal con otras personas y también nuestra relación con Dios. Cuanto mejor sea la relación de una persona y una iglesia con Dios, tanto mejor será la relación de los demás.

El amor entre los creyentes no es una opción; es esencial y central al llamado de Dios para la iglesia. La noche que Jesús fue traicionado, una de sus instrucciones a sus discípulos trataba la naturaleza de sus relaciones: «Este mandamiento nuevo les doy: que se amen los unos a los otros. Así como yo los he amado, también ustedes deben amarse los unos a los otros. De este modo todos sabrán que son mis discípulos, si se aman los unos a los otros» (Jn. 13:34–35).

Juan escuchó el mensaje esa noche. En su primera carta, Juan reveló la esencia de la enseñanza de Jesús: nuestro amor por otros debe fluir naturalmente (o sobrenaturalmente) de nuestra experiencia del gran amor de Jesús por nosotros. «Así manifestó Dios su amor entre nosotros: en que envió a su Hijo unigénito al mundo para que vivamos por medio de él. En esto consiste el amor: no en que nosotros hayamos amado a Dios, sino en que él nos amó y envió a su Hijo para que fuera ofrecido como sacrificio por el perdón de nuestros pecados. Queridos hermanos, ya que Dios nos ha amado así, también nosotros debemos amarnos los unos a los otros» (1 Jn 4:9–11).

En la edificación de una iglesia Hechos 2, el amor es la clave que mantiene la unidad. En su libro, *Desarrollo natural de la iglesia*, Christian A. Schwarz comenta: «Las iglesias en desarrollo poseen un "cociente de amor" mucho mayor que las estancadas y en declinación. Las iglesias que crecen de manera saludable practican la hospitalidad conforme los creyentes invitan a otros a su hogar como parte normal de su estilo de vida cristiano. Las personas no quieren oír que hablamos del amor, ellas quieren experimentar cómo es el amor cristiano realmente».[9]

La manera en que usted da la bienvenida y trata a las personas que llegan a su iglesia es la primera parte de *conectar*. Esta es esa vital primera impresión, y cliché o no, las personas definen su opinión acerca de su iglesia en el momento en que pasan por sus puertas, ¡si es que ya no la han definido en el estacionamiento! Simplemente no podemos enfatizar demasiado cuán importante es dar la bienvenida a las personas de manera cálida.

El segundo aspecto de *conectar* es ayudar a la congregación a que practique el estilo de vida según el modelo Hechos 2. En los primeros capítulos de este libro, leímos que los creyentes del primer siglo compartieron los unos con los otros y se apoyaban, oraban, y eran solícitos unos con otros.

Con mucha frecuencia, nuestra idea de compañerismo es hablar con las personas antes del servicio o reunirse para comer juntos, pero las relaciones abarcan todas las áreas. La relación en un marco bíblico es *compartir la vida*, según Hechos 2.

Podemos dividir cada uno de estas cinco funciones en componentes, pero no son lineales ni separadas. Ellas se entrelazan la una con la otra, y comparten esto en común: deben practicarse en la relación. Comenzamos con la conexión, no porque es lo esencial, sino porque el discipulado, el servicio, el evangelismo, y la adoración ocurren en el contexto de la relación.

¿DÓNDE COMIENZA LA CONEXIÓN?

Se ha informado ampliamente que más de 100 millones de personas asisten a la iglesia los domingos, pero un estudio más riguroso muestra que el número es solamente unos 50 millones.[10] Sin embargo, la mayoría de estas personas nunca han respondido una pregunta muy importante: *¿Por qué?*

Algunos asisten movidos por la culpa. Otros, lo hacen porque se sienten presionados por la familia. Algunos asisten a la iglesia simplemente por hábito. Otros asisten porque piensan que «es lo que se debe hacer».

Lamentablemente, millones más evitan la asistencia a la iglesia por varias razones: piensan que los sermones son aburridos, las personas no son amigables, todo lo que el predicador quiere es su dinero, necesitan el domingo para descansar y pasar tiempo con la familia, entre otras razones. Muchos nunca pasan por la puerta de una iglesia porque piensan que no necesitan a Dios y no quieren nada que sea religión.

Sin embargo, muchas personas nunca tienen en claro *por qué* hacen esta elección.

Si una persona que no asiste a la iglesia preguntara a los miembros de su congregación por qué asisten a la iglesia, ¿estarían ellos listos para responder? ¿Qué responderían?

Antes de dar la bienvenida a las personas a la iglesia y antes de ayudarlas a ser parte de ella, crecer y servir, primero debemos invitarlas. Y cómo las invitamos, ¿si no sabemos por qué asistimos? Alcanzar a los que no asisten a la iglesia comienza con algo muy sencillo: conectarlos con otros y darles la bienvenida a nuestra familia.

TODO EN FAMILIA

Desde el momento de su nacimiento natural usted fue parte de la raza humana y de una familia. Cuando nació espiritualmente, lo hizo en la familia de Dios. Pedro escribe: «Por su gran misericordia, nos ha hecho nacer de nuevo mediante la resurrección de Jesucristo, para que tengamos una esperanza viva» (1 Pedro 1:3).

¿Cuál es el nombre de esta familia? La Biblia dice que esta familia se llama la iglesia. La iglesia no es una institución. No es una empresa. No es un club social. *Conectar*, reconoce la iglesia como una *familia*, una familia que Pablo llama «columna y fundamento de la verdad» (1 Ti 3:15). Como líderes de la iglesia, es nuestra tarea facilitar esto, lo cual ayuda a los miembros de las congregaciones a desarrollar una relación entre ellos.

La vida cristiana es más que creer y obrar, es una relación. Es conexión, es pertenencia, y comunidad.

Jesús dijo que en esta vida tendremos problemas. Esto lo vemos en las tormentas de la vida, las tormentas personales, las tormentas financieras, las tormentas de relaciones, las tormentas físicas, y las tormentas de salud. Si usted no tiene un buen fundamento y apoyo, estas tormentas destruirán todo lo que ha edificado en su vida. La iglesia existe en la tierra para compartir el evangelio y para ser un apoyo y fundamento sobre el cual edifiquemos nuestra vida y nuestras relaciones al facilitar las relaciones de las personas con la Roca, que es Jesucristo.

La vida cristiana es más que creer y obrar, es una relación. Es conexión, es pertenencia, y comunidad.

Es familia.

A veces oigo que las personas dicen, «soy cristiano, pero no necesito una iglesia». Eso es como decir que usted quiere jugar al futbol en la liga nacional pero no quiere ser parte de un equipo, o quiere ser un soldado pero no quiere estar en el ejército, o quiere tocar la trompeta pero no ser parte de una orquesta.

Un cristiano sin una familia es como un huérfano. Los huérfanos no tienen el apoyo y el fundamento necesario para superar los tiempos difíciles, y muchos de ellos se apartan de la sociedad, porque se sienten abrumados por problemas de confianza, y porque no cuentan con la fuerza y el apoyo de la familia.

Es una tragedia ser un huérfano, quedarse sin familia. Incluso es peor ser un huérfano por elección, pero millones hacen eso cada domingo mientras nosotros nos sentamos en las bancas de nuestra iglesia, ajenos a la condición de estos «huérfanos» alrededor del mundo.

UN MEDIO DE CAMBIAR LA VIDA

En su libro, *Connecting* [Conexión], el terapeuta profesional Larry Crabb presenta una perspectiva singular y perspicaz del poder de la iglesia.

> Tengo poderosas razones para sospechar que los cristianos que se sientan disciplinadamente en la iglesia, para quienes ir a la iglesia significa hacer una diversidad de actividades espirituales, han recibido recursos, que si son liberados, podrían sanar poderosamente los corazones quebrantados, superar el daño que han sufrido por abusos del pasado, animar al deprimido para que avance valerosamente, inspirar al solitario a conectarse, renovar a los adolescentes y niños con nueva y piadosa energía, y ofrecer esperanza a la vida de centenares de personas que se sienten rechazadas, solas, e inútiles.[11]

Esa es una visión poderosa para la familia de Dios. Crabb describe una esperanza para ese día, «el pueblo de Dios, cristianos comunes cuyas vidas regularmente se vinculan, lograrán todo el bien que hoy los profesionales de la salud proveen. Ellos lo harán mediante la conexión mutua, de una manera que solamente el Evangelio puede hacer posible». Pablo le dijo a Timoteo que la iglesia, el cuerpo de Cristo, está: sostenida y ajustada por todos los ligamentos, según la actividad propia de cada miembro (Ef. 4:16). Creo que no hemos desarrollado plenamente la «obra» que Pablo describe de apoyarnos y conectarnos el uno con el otro.

¿Qué pasaría si cambiáramos la manera en que vemos la iglesia, dirigimos los servicios, y proveemos para otros en la iglesia? En vez de centrarnos en lo que podemos obtener de ella, ¿qué pasaría si participáramos en esta familia para ver cambios?

¡Piense en lo que eso significa en la vida de una persona cuando todo lo demás ha fracasado! Tal podríamos ayudar ofreciendo nuestro apoyo. Creo que esta es la naturaleza de la «obra» a la que Pablo se refiere: sostener y ajustar los ligamentos que unen al uno con el otro cuando hay heridas o sufrimiento.

¿Qué pasaría si consideráramos la iglesia como una manera de atraer a las personas a Dios para que en su presencia encuentren sanidad, aceptación, amor, y sustento, todo esto a través de las manos, los pies, y las sonrisas de las personas?

Crabb observa: «Veo una comunidad sanadora como un grupo de personas que sitúa el establecimiento de relaciones en el centro mismo de su propósito y fervor: conexión con Dios (adoración), conexión con otros (servicio en amor), y conexión con nosotros mismos (integridad personal)».[12]

Cuando una iglesia se concentra en amar a Dios y a otros, *conectar, crecer, servir, ir,* y *adorar,* cobrarán una importancia completamente nueva.

Este no es solamente el sueño de Crabb, ha sido siempre el plan de Dios.

LA CONEXIÓN ES EL PLAN DE DIOS

¿Se ha preguntado alguna vez por qué Dios diseñó a la iglesia? Dedique un momento a considerar la respuesta con toda sinceridad. Dos respuestas son evidentes para mí: para su gloria y para beneficio de la humanidad. Una de las maneras más poderosas de conectarnos con Dios y los unos con los otros es en el contexto de la familia de una iglesia.

La iglesia cumple muchos propósitos, y puede ser beneficioso que examinemos cada ministerio, visión, valores esenciales, y estrategia para asegurar que se están cumpliendo esos propósitos. Veamos cómo la iglesia nos ayuda a sentir a Dios, resolver nuestros problemas, satisfacernos espiritualmente, dar, y cumplir nuestra misión en la vida.

Uno de los propósitos básicos de la iglesia es ayudarnos a experimentar a Dios. Fácilmente podemos pasar todo el día sin siquiera pensar en Dios, ¡incluso las personas que han sido cristianas por muchos años! Dios sabe que tenemos una tendencia de desviar la mirada de Él, de manera que estableció el reposo para que hagamos una pausa, y nos enfoquemos nuevamente en Él. La Biblia promete bendiciones para quien guarda el día de reposo (véase Is. 58:13).

Experimentar a Dios nos enfoca en Él. Esta experiencia se define con una palabra: *adoración*.

La triste verdad es que muchas personas nunca han sentido a Dios porque nunca le han adorado verdaderamente. La adoración es honrar a Dios con amor exuberante y extrema sumisión, fomentando el ambiente en que nos conectamos verticalmente y de manera íntima con Dios. Esta es una experiencia maravillosa cuando adoramos con otros creyentes con quienes nos conectamos en el plano horizontal.

> Experimentar a Dios nos enfoca en Él. Esta experiencia se define con una palabra: *adoración*.

El propósito de la adoración es glorificar y honrar a Dios. Cuando nos centramos en Dios de esta manera, cambia la perspectiva de nuestra vida y de nuestros problemas porque nos ayuda a meditar en cuán grande es Él.

Aunque la música es solo un componente de la adoración (hablaremos de esto más adelante en otro capítulo), es quizás el más importante. La música provee un medio que nos ayuda a centrar la atención en Dios y en el acto de adoración, orientando nuestro corazón a Él. La música inspira nuestra alma de maneras maravillosas; ella es verdaderamente un don de Dios. Cuando utilizamos el poder creativo de la música para adorar a nuestro Creador, podemos experimentar a Dios de una manera que nos une al resto de la creación. Dios recibe adoración continua alrededor de su trono celestial, y es un privilegio unir nuestro canto a las melodías del cielo.

AYUDA EN TIEMPOS DE PROBLEMAS

Anteriormente, dijimos que la iglesia debe ser un pilar y un fundamento. Sin ella, nuestra vida está expuesta cuando llega la tormenta. Alguien dijo con todo acierto que usted está ahora enfrentando un problema, ha salido de un problema, o está a punto de entrar en uno. Puede que esto suene pesimista; pero en realidad es la verdad, la confianza es cómo enfrentamos los problemas y no si la tenemos o no. Todos podemos desanimarnos, fatigarnos, y agotarnos, y en esos tiempos, más que en cualquier otro momento, debemos acudir a algo que sea firme y confiable.

Aunque podemos ir a Dios en oración individualmente, Él sabe que es importante que encontremos apoyo en otros. Dios quiere que estas personas sean la familia de nuestra iglesia. Según Pablo, debemos animarnos los unos a los otros (véase 1 Ts. 5:1–11). Larry Crabb expresa esto desde su propia perspectiva:

Cuando dos personas se conectan … algo surge de uno y se derrama en el otro que tiene el poder para sanar las heridas profundas del alma y restaurar la salud. Las personas experimentan la fuerza transformadora de la sanidad de las relaciones cuando algo poderoso sale de uno y toca algo bueno en otro.[13]

No queremos enfrentar los problemas solos pero a menudo no sabemos cómo pedir ayuda. En esos momentos, a veces más que en otros, necesitamos a nuestra familia de la iglesia. Sea la pérdida de un ser amado o un mal informe del médico, o problemas matrimoniales, necesitamos un firme apoyo en las tormentas de la vida.

Se supone que la iglesia no es un club social ni un lugar de reunión como cualquier otro; se supone que es la familia, una comunidad viva y donde hay amor. Sí, nos reunimos para adorar a Dios, pero también nos reunimos para conectarnos el uno con el otro. ¿En qué lugar podríamos encontrar más aliento y mejores amigos piadosos sino en la familia de la iglesia? ¿Preferimos acaso buscar nuestros amigos en el trabajo, entre los vecinos, o en algún otro contexto? Seguro que hay personas maravillosas en estos lugares, pero las personas con quienes adoramos a Dios y con quienes tenemos comunión están capacitadas de una manera única para ayudarnos en los tiempos difíciles y para alentar nuestra relación con Dios.

Necesitamos los unos de los otros, no podemos avanzar solos por la vida. Al Diablo no le gustaría otra cosa sino mantenernos aislados, separados de la manada donde estemos muy débiles y muy vulnerables. Como cualquier otro depredador, el busca el momento en que estamos aislados para atacar.

Pedro lo expresó de esta manera: «Por último, todos deben ser de un mismo parecer. Tengan compasión unos de otros. Ámense como hermanos y hermanas. Sean de buen corazón y mantengan una actitud humilde» (1 P 3:8, NTV). Simplemente mostrarnos amigos no es suficiente para unirnos; debemos desarrollar amistades profundas porque la compasión fluye de la amistad.

UN AMBIENTE PARA EL CRECIMIENTO Y EL DISCIPULADO

El propósito de la iglesia no es que las personas disfruten de un buen momento sino ayudarlas a que maduren y crezcan en su fe, sean discipulados, y que ellas también puedan hacer discípulos.

La iglesia hace discípulos cuando anima las personas a creer en Dios, les enseña conocimiento, y facilita la relación, y hace todo esto con amor. Cuando usted pertenece a la familia de una iglesia local donde se enfatiza la Palabra de Dios, edificará su fe, aclarará sus valores, y desarrollará su carácter.

Sin embargo, la vida cristiana es más que solo teoría. Sencillamente no puede enseñarse desde un púlpito; uno debe vivirla. Hay unos pocos lugares donde esto puede suceder, y la iglesia es uno de los mejores porque podemos practicar la vida cristiana entre otros miembros de la familia de nuestra iglesia que está creciendo y madurando también. ¿Qué mejor lugar para practicar el perdón a los que nos han herido, aprender a tomar decisiones difíciles con sabiduría y bajo la dirección del Espíritu Santo, a fin de desarrollar el carácter necesario para ser un buen esposo, y superar una conducta auto destructiva?

La práctica de las enseñanzas de la Palabra de Dios en el contexto de la iglesia como familia ayuda con estos asuntos y otros. Dios no quiere que nos detengamos en la infancia espiritual; Él quiere que maduremos. La familia de la iglesia nos ayuda a crecer.

Dios no quiere que nos detengamos en la infancia espiritual; Él quiere que maduremos. La familia de la iglesia nos ayuda a crecer.

Aunque algunas personas creen que asistir a la reunión de los domingos es suficiente, los grupos pequeños son ideales para fomentar la conexión porque puede haber mucho crecimiento en contextos más pequeños. La escuela dominical es un lugar excelente para unirse a otros creyentes y establecer una relación, como también lo es el grupo pequeño que se reúne en los hogares y comparte los alimentos.

La iglesia y sus programas para la conexión con otros deben fomentar ambientes para el crecimiento y el discipulado. Cualquiera que sea el contexto, el objetivo es tener un estudio sistemático de la Biblia y una relación para aprender juntos, estimularse unos a otros y ser responsables ante el grupo.

DAR LO QUE HA RECIBIDO

La iglesia es más que solo ocupar un asiento. El plan de Dios no tenía contemplado que fuéramos solo consumidores en el cuerpo de Cristo sin dar de lo que recibimos. Pensemos otra vez en el cambio de paradigma del sacerdocio de todos los creyentes que mencioné anteriormente. Dios espera que cada creyente contribuya al cuerpo de Cristo, y Él nos ha dado habilidades, talentos, dones, y una historia particular que puede ser de ayuda a otras personas. Cada vez que usa sus talentos o habilidades para ayudar a otros, entonces de lo recibido vuelve a dar.

Solo un pequeño porcentaje de cristianos son llamados al ministerio a tiempo completo, pero todos somos llamados a ministrar o servir. Es una contradicción pensar en un cristiano que no sirve a los demás. Un día todos compareceremos ante Cristo y daremos cuenta de cómo hemos usado los talentos y dones que nos ha dado. Esta es la razón de que una de las tareas principales de la iglesia es ayudar a las personas a descubrir y a desarrollar su ministerio y fomentar un ambiente en que ellos puedan dar a otros (hablaremos más de este tema en el capítulo 14).

Pablo lo explicó así: «Porque somos hechura de Dios, creados en Cristo Jesús para buenas obras, las cuales Dios dispuso de antemano a fin de que las pongamos en práctica» (Ef. 2:10).

Usted no es un error; usted es una obra maestra, una obra de arte, verdaderamente único. Es posible que sus padres no planearan concebirlo, pero Dios sí lo planeó. Él lo formó, y a pesar de las circunstancias de su nacimiento, Él tiene un propósito para usted en la tierra. Su ofrenda particular al mundo es su ministerio, la «buenas obras» que Pablo mencionó.

Dios dice a cada uno de nosotros: «Quiero que tu vida deje una huella en este mundo».

El cuerpo de Cristo está formado por una combinación de diversos ministerios y servicios, y personas con diversos dones. Cada uno de nosotros es necesario (enunciado que tal vez no tenga mucha fuerza en una cultura que enseña que no somos solamente un simio advenedizo).

Podemos gastar mucho dinero en terapia, libros de ayuda personal, seminarios de motivación, pero todos estos dicen las mismas cosas. Todos quieren mejorar la autoestima, pero la clave verdadera para una estima saludable es descubrir para qué Dios nos creó y luego convertirnos en esa persona. La mejor manera de lograr esto es en comunidad.

CUMPLA LA MISIÓN

Relacionado, aunque diferente de la ayuda que damos a las personas para que descubran sus ministerios, es la función de la iglesia de ayudarlas a descubrir su misión en la vida. Si descubrir nuestro ministerio es conocer para qué nos creó Dios y luego convertirnos en esa persona, entonces la misión de nuestra vida es el propósito principal de nuestra vida.

En Hechos 20:24, Pablo le habló a los ancianos de Éfeso por la última vez, y quiso que ellos captaran la motivación de su propósito en la vida. Pablo les dijo: «Mi vida no vale nada para mí a menos que la use para terminar la tarea que me asignó el Señor Jesús, la tarea de contarles a otros la Buena Noticia acerca de la maravillosa gracia de Dios» (énfasis del autor, NTV).

Parte de la misión de vida de cada cristiano es la Gran Comisión. Alguien nos anunció una vez las buenas nuevas, y ahora nosotros las anunciamos. La Biblia dice que somos embajadores de Cristo. ¿Se ha interesado lo suficiente en otra persona como para anunciarle las buenas nuevas de que Cristo quiere perdonarla de sus pecados? Debemos preparar a nuestra congregación para compartir este mensaje de manera que otros puedan tener un hogar en el cielo y experimentar la presencia de Dios en su vida aquí en la tierra.

La misión de nuestra vida es que seamos contagiosos, que nos infectemos de la vida de Cristo y la propaguemos a un mundo moribundo. Desarrollaremos mejor este enfoque externo como cuerpo cuando cada parte cumpla su función determinada.

> La misión de nuestra vida es que seamos contagiosos, que nos infectemos de la vida de Cristo y la propaguemos a un mundo moribundo.

UN LUGAR PARA SATISFACER LAS NECESIDADES

Dios diseñó la iglesia para ayudar a satisfacer algunas de nuestras necesidades más básicas. Todos queremos que nuestra vida sea valiosa para otros, necesitamos comunión, queremos estabilidad y un propósito, y anhelamos inspiración.

Si no satisfacemos estas necesidades en la familia de la iglesia, buscaremos en otras fuentes. ¿Dónde podemos satisfacer nuestra necesidad de valor, apoyo, estabilidad, propósito, y estímulo? Nuestro trabajo puede darnos en parte ese sentido de valor y pudiera ser la comunidad que ofrezca cierto apoyo, pero ¿son estas las personas más cualificadas y deseables para satisfacer nuestras necesidades?

La iglesia como familia puede ser el mejor lugar para satisfacer estas necesidades de una manera piadosa. Sin embargo, aquí está la clave: la iglesia cambiará nuestra expectativa de lo que es normal. En vez de ser un lugar donde satisfacemos nuestras necesidades, como sacerdocio de creyentes, somos nosotros quienes *satisfacemos las necesidades* de otros. Si usted puede captar esto y ayudar a que otros hagan lo mismo, revolucionará completamente la manera en que sirve en el ministerio, y la manera en que las necesidades de las personas son satisfechas.

Millones de personas se levantan cada mañana, y el primer pensamiento que tienen antes de poner los pies en el piso es «¿soy importante?» Tenemos la maravillosa oportunidad de responder a esa interrogante en el contexto de la familia de la iglesia. Nuestras iglesias pueden tocar la vida de las personas que apenas están sobreviviendo, que están luchando por alcanzar el éxito, y esforzándose por dejar su huella en este mundo. La pregunta es: ¿Estamos dispuestos de avanzar a pesar de las objeciones, a dejar nuestra huella, y ayudar a que los heridos encuentren las respuestas a sus interrogantes?

SUPERAR LAS CONTRARIEDADES

Cada persona que decide que no irá a la iglesia tiene una excusa. Es posible que sea el predicador que pide dinero con mucha frecuencia, las personas que no son amistosas, o una rutina muy ocupada y con mucho ajetreo.

La pregunta que debemos hacer es: ¿Qué estamos haciendo para eliminar tantos obstáculos de modo que cuando nuestros visitantes lleguen, se sientan acogidos? He aquí la clave: comenzamos el capítulo hablando de esto, comenzamos a derribar los obstáculos en la misma puerta.

Hacer que las personas se sientan bienvenidas requiere más que los amables ujieres que saludan en la entrada, pero esta es la primera medida contra la ofensa. Estas son las primeras caras

que las personas ven, y según el dicho, no hay segunda oportunidad para dejar una primera buena impresión. No basta con
ser «amigable» porque la tendencia es que somos amigable con
las personas que conocemos, y desatendemos a los visitantes.
Debemos ser sociables y enfocar nuestra atención en otras personas y no en nosotros mismos.

Tan pronto una persona entra en el edificio, el reloj comienza
a andar. Las estadísticas muestran que podríamos tener unas
dieciocho semanas para discipular a los nuevos visitantes y ayudarlos a establecer relaciones firmes y comenzar a participar.
Este proceso comienza cuando nos conectamos con las personas en la primera visita y les ofrecemos una manera de que se
informen acerca de la iglesia. La iglesia tiene una responsabilidad
de comunicar su deseo y proveer actividades para satisfacer las
necesidades de las personas que llegan, para participar en obras
de amor y servicio durante la semana, y ayudar a los que llegan
a encontrar su lugar en el ministerio en un lapso de dieciocho
semanas.

¿Cómo se conecta con las personas desde su primera visita
hasta asimilarlas plenamente en la vida de la iglesia en menos
de dieciocho semanas? Procurando que uno de sus puntos cen-
trales sea discipular y no solamente convertir al perdido. Este
proceso permite que las personas exploren su posibilidad de *pertenecer* incluso antes de creer o ser parte. La sensación de familia
comienza cuando las personas desarrollan un sentido de pertenencia, pero pertenecer es solamente el comienzo.

La vida de las personas no cambiará si solamente las «salu-
damos» con el ceño fruncido y los brazos cruzados mientras nos
presentamos como representantes del Salvador que murió con los
brazos abiertos. Cuando las personas vienen a nuestra iglesia y
sienten amor, el amor de toda una familia que los recibe con un
exuberante sentido de pertenencia, ellas se conectarán con la iglesia así como nosotros lo hemos hecho.

13 CRECER

«Hemos saturado el mundo con el evangelio, pero muy livianamente.»[14] El doctor John Perkins dijo estas palabras para describir cómo el evangelismo produce conflictos en una iglesia que no practica el discipulado. Muchos materiales de enseñanza, conferencias, libros, y artículos presentan un proceso de discipulado pobremente explicado y que los líderes han adoptado. Aunque tal vez la motivación ha sido sincera, la mayoría pierde el blanco y produce resultados inferiores.

Muchos comienzan en el punto equivocado, lo cual garantiza un resultado equivocado. En términos teológicos, se basan en la antropología (la naturaleza del hombre) en vez de la pneumatología (la naturaleza del Espíritu). Estos modelos requieren que el discípulo reciba solo conocimiento (lo que se aprende, se memoriza, se repite como tarea) y cumpla actividades que afectan la conducta (cómo proceder, qué hacer).

El conocimiento y la conducta son esenciales, ¡pero *no* transforman!

El conocimiento es mínimo comparado con el propósito del Espíritu Santo de amar a Dios y amar al prójimo. El empeño que se pone en la conducta (hacer más o portarse mejor) suprime la gracia y forma fariseos.

En muchas iglesias, la vida en el Espíritu es el imperativo que falta. Debemos experimentar la presencia y el poder del Dios vivo. Necesitamos cambiar el discipulado que encontramos hoy, en vez de modelos de lógica/conducta debemos aplicar modelos de experiencia/relación. Sin embargo, estas audaces y casi radicales declaraciones contradicen lo que muchos de nosotros hemos enseñado acerca del discipulado.

Quisiera explicar mi experiencia. Serví en un equipo de discipulado global comisionado por *Empowered 21* y dirigido por un amigo y mentor, el Dr. David Ferguson. Su libro *Relational Foundations* [Fundamentos de relación] presenta el modelo de relación que el equipo ha empleado durante varios años. Esta fue una experiencia inspiradora. La enseñanza y los escritos del Dr. Ferguson y la obra de discipulado del equipo han inspirado esta sección sobre el discipulado.

LOS FUNDAMENTOS DE RELACIÓN

¿Reconocería a un discípulo que vive en el poder del Espíritu si viera uno? Exploremos la teología racional y la teología de la conducta que mencioné anteriormente.

Pablo escribió: «Toda la Escritura es inspirada por Dios y es útil para enseñarnos lo que es verdad y para hacernos ver lo que está mal en nuestra vida. Nos corrige cuando estamos equivocados y nos enseña a hacer lo correcto» (2 Ti. 3:16, NTV).

Un propósito importante de la Palabra de Dios es enseñarnos lo que debemos creer (doctrina). La luz de la Escritura disipa la oscuridad de las filosofías humanas y sistemas de creencias. El universalismo afirma que hay muchos caminos a la vida eterna, pero la luz de la Escritura declara: «¡En ningún otro hay salvación! Dios no ha dado ningún otro nombre bajo el cielo, mediante el cual podamos ser salvos» (Hch. 4:12, NTV).

Un segundo propósito de la Palabra de Dios es revelarnos como debemos vivir. Pablo dijo que la Escritura nos fue dada para reprender (revelar lo que está mal) y corregir (definir lo que es recto y prepararnos para que lo hagamos). Las reprensiones de la

Escritura nos ayudan identificar áreas de oscuridad mientras que las correcciones nos dirigen a la luz. Pablo escribió: Cuando ustedes siguen los deseos de la naturaleza pecaminosa, los resultados son más que claros: inmoralidad sexual, impureza, pasiones sensuales, idolatría, hechicería, hostilidad, peleas, celos, arrebatos de furia, ambición egoísta, discordias, divisiones, envidia, borracheras, fiestas desenfrenadas y otros pecados parecidos. Permítanme repetirles lo que les dije antes: Cualquiera que lleve esa clase de vida no heredará el reino de Dios (Ga. 5:19-21, NTV).

En Efesios 4:29, Pablo habla de no dejar que ninguna cosa impura (corrompida) salga de nuestra boca sino la que es útil para edificar (corregir) a otros. Condenar, juzgar, murmurar es salir de los límites de la vida recta; estos son pecados.

Estos dos propósitos de la verdad son esenciales para la vida y el ministerio, pero no son suficientes en sí mismos. Ellos establecen los límites de lo que debemos creer y cómo debemos vivir. Dios nos ha dado límites a fin de dirigirnos a una relación con Él y con aquellos a quienes ama. Debemos considerar estos límites de la doctrina y la conducta como el «delineamiento» a lo largo del camino de la intimidad con Dios. Según explica Pablo, uno de los propósitos principales de la ley es ser nuestro ayo o nuestro instructor para mostrarnos que necesitamos un Salvador (Gá 3:24).

Las personas están entre estos dos límites, tratando de aprender más y tratando de vivir mejor. Muchos terminan frustrados, confundidos, y sin fruto como discípulos de Cristo en crecimiento. El Dr. Ferguson observa: «Semana tras semana, salen de la iglesia sabiendo qué deben creer y cómo deben vivir, pero nunca llevan la experiencia a una relación más profunda con el Dios de la Biblia».[15] Lo que ellos necesitan es andar por el centro del sendero, amando a Dios y al prójimo, como lo revela el Gran Mandamiento.

Ciertamente, la Escritura tiene un significado objetivo, pero también tiene una importancia relacional. En su libro *Relational DiscipleshipTransformed by God's Love* [cambiar publisher en las notas], el Dr. Ferguson explica:

Como hemos visto, hay un propósito racional de la verdad y un propósito conductual de la verdad, pero también hay un propósito relacional de la verdad. A fin de entender este propósito relacional, debemos considerar la cuarta función de la Escritura que Pablo menciona en 2 Timoteo 3:16: instruirnos en justicia, o, más literalmente, «cumplir la labor de padre». Deriva del vocablo griego para «niños» (*padeia*), el término «instruir» (*paedeian*) sugiere que la Escritura nos capacita para que alcancemos madurez espiritual así como una familia amorosa instruye al niño para que alcance madurez física y emocional.

La Escritura nos ha dado los límites de la doctrina y la conducta piadosa, así como los padres instruyen a sus hijos. Sin embargo, ¿acaso esos límites y pautas, como los mandamientos del «no harás», nos instruyen o nos ayudan a madurar? Es necesario que junto con los límites haya una relación de amor. Una familia puede tener reglas, restricciones, y pautas, pero si no hay una relación de amor, la madurez se torna difícil. Así también sucede con nuestro enfoque de la Escritura. La Biblia es inspirada por Dios, viva y activa y destinada a ser experimentada en una relación de intimidad ¡con el Autor de la Escritura!

Jesús dijo que la Escritura («la ley y los profetas») dependen de estos dos mandamientos: Amar a Dios y amar al prójimo (Mt. 22:35–40). La Escritura tiene un propósito relacional: conducirnos a la madurez a través de una relación de amor más profunda con Dios que la inspiró y con quienes Él ama. A medida que el Espíritu Santo trae más claridad respecto a este propósito relacional, parece que «cobra vida», y nos impulsa a amar a otros, para darnos cuenta que somos amados, y sobre todo amar a Dios que nos ha dado la Palabra.[16]

«Lo importante en la predicación no es "decir algo"; ni siquiera es que la gente "escuche algo"; es que la gente "experimente algo que transforme la vida por la obra de Dios y el evangelio".»[17]

«Lo que fue racional en el mundo de Gutenberg, es vivencial en el mundo de Google.»[18]

Este marco relacional en el poder del Espíritu propone un proceso transformador para cada edad y etapa del desarrollo espiritual donde el Espíritu Santo nos mueve a tener una relación con el Hijo de Dios, con la Palabra de Dios, y con el pueblo de Dios.

¿Por qué esto es tan importante?

Ya he mencionado que son alarmantes las deficiencia del discipulado en la iglesia. ¿Por qué las personas no viven de manera consecuente con lo que afirman creer? Si lo que hemos estado haciendo no produce el resultado que esperamos (discípulos llenos del poder del Espíritu), ¿cuál es la falla?

Aunque no tengo todas las respuestas, sí sé cuál es uno de los problemas.

«andad entre tanto que tenéis luz, para que no os sorprendan las tinieblas» (Juan 12:35 RVR1960).

Cuando no andamos en la luz, somos dominados por las tinieblas que nos privan de la vista espiritual y nos volvemos menos fieles, menos obedientes, y menos fructíferos. Las tinieblas siempre amenazan al creyente. Por eso, debemos andar siempre en la luz.

Como se mencionó antes, hay tres fuentes de luz: el Hijo, las Escrituras, y los santos. Para andar en la luz, la persona debe estar conectada a las fuentes de esa luz de la siguiente manera:

- **Un fresco encuentro con Jesús cada día** (Juan 8:12). «Hoy podemos ir a ciertas iglesias y sentarnos durante todo el servicio y nunca escuchar la mención del nombre de Jesús. El exagerado enfoque en la necesidad del que busca, el ecumenismo fácil, la diversidad vacía, la corrección política, y el ateísmo cultural solapadamente han sembrado en nuestra sensibilidad cristiana la semilla de que todo es aceptable».[19] Cuando Jesús enseñó, su meta no fue que todos lo entendieran sino que todos tuvieran una experiencia con Él. ¿Hubo alguien que después de un encuentro con Jesús dejara su presencia sin haber experimentado cambio alguno?

- **Experiencias frecuentes con las Escrituras** (Salmo 119:105). «La predicación no es solamente decir algo; ni siquiera es que las personas escuchen lo que se dice; consiste en que las personas tengan una experiencia como comunidad que transforme la vida para Dios y el evangelio.»[20]

- **Compromiso fiel con el pueblo de Dios** (Mateo 5:14). «El ser humano es una especie que se inclina a las relaciones, y vive en un mundo de relaciones. De hecho, esta era ya no se caracteriza por la información, sino por la conexión. Las personas anhelan conectarse con Dios, con sus iguales...y con su comunidad. Sin embargo los mundos de la academia y de la iglesia permanecen como foros para la diseminación de "información" a las personas o en ellas, en vez de incluirlas en el proceso de conexión de unos con otros en experiencias que fomentan "redes".»[21]

El discipulado investido de poder requiere de un estilo de vida según lo siguiente:

- Nuevos encuentros con Jesús (Jn. 8:12)

- Experiencias frecuentes de la Escritura (Sal. 119:105)

- Una fiel participación con el pueblo de Dios (Mt. 5:14).

El objetivo principal del discipulado es ser como Cristo. Los modelos que se basan sólo en conocer y hacer están incompletos; les falta la investidura de una vida de amor y de intimidad con Cristo. El resultado de un discipulado en el poder del Espíritu debe ser relacional y es imposible realizarlo separados de la obra especial del Espíritu. De manera que el resultado de un discipulado en el poder del Espíritu, como *escuchar* y *oír* a Dios, es relacional y requiere la obra del Espíritu.

El discipulado pertinente no comienza con doctrinas o enseñanzas, parábolas o principios, el gobierno de la iglesia o la administración. Comienza con amar a Dios con toda nuestra fuerza, alma y mente. El Espíritu nos llama a una vida de amor íntimo y nos da poder para vivirla.

Así como recibimos de gracia, también de gracia damos. Conforme Dios nos da, nosotros damos. Cuando el Espíritu Santo es nuestra fuente, la capacidad nunca será un inconveniente.

UN PROCESO EN ETAPAS

Nuestro primer encuentro con Jesús, su Palabra, y su pueblo no será lo último que vivamos. Un proceso en el poder del Espíritu produce un resultado lleno del Espíritu. Nuestro equipo ha identificado cuarenta y un resultados en el poder del Espíritu (estos se citan en el Apéndice II) y organizado en cuatro categorías principales:

- Amar a Dios
- Amar la Palabra
- Amar a las personas
- Amar la misión de Dios

La meta no es solamente experimentar estos resultados los domingos sino cada día de la semana. Esto no se puede hacer sin el poder del Espíritu. Usted no puede *escuchar* y *oír* a Dios sin estar sintonizado con el Espíritu de Dios. Tal vez pueda memorizar versículos de la Biblia, pero necesita el poder del Espíritu Santo para luchar contra las presiones de la vida y para ser un cristiano cumplidor del Gran Mandamiento y la Gran Comisión.

Inspiremos fe en el nuevo creyente

Explorar ······•	Aceptar ······•	Experimentar ······•	Expresar
Las verdades de la fe	Las verdades de la fe de manera personal	Las verdades de la fe en la vida diaria	Las verdades de la fe a otros a través de mi identidad como discípulo de Cristo

Este es el proceso de la formación de la fe. Un cristianismo más allá de la reunión del domingo, es andar con Cristo a diario.

Queremos discípulos que *exploren* las verdades de la fe al amparo de una relación dispuesta a perdonar. Esto hace posible de que la persona pertenezca antes de que crea. El pueblo de Dios debe volver a experimentar la Palabra de Dios. Este es el modelo Hechos 2, momentos que permiten que buscadores de toda edad exploren la verdad de Dios en un lugar seguro.

- Es vital que aceptemos las personas antes de que cambien (como Zaqueo y otros) para que tengan base segura desde donde explorar la verdad.

- Los líderes siervos humildes fomentan lugares seguros donde explorar las verdades de la palabra de Dios mientras comparten momentos al estilo Colosenses 3:16, que muestran cómo la Palabra mora profundamente en ellos.

- El tiempo de intercambio transgeneracional de los ministerios dotados por el Espíritu permite la exploración de una vida en el poder del Espíritu.

Queremos que las personas *adopten* las verdades de la fe de una manera personal. El imperativo es momentos de decisiones personales, encuentros, y aplicación. Los momentos de decisión y compromiso junto con aquellos en que recibimos de Dios hacen que la obra del Espíritu sea personal en la vida del nuevo creyente. Las manifestaciones del Espíritu a través de los dones y la adoración permiten que los creyentes tengan una intimidad personal con Jesús y una vida en el Espíritu. Una eficaz etapa modelo del discipulado informará nuestros enfoques para la participación de la comunidad, el evangelismo, y las estrategias para el nuevo creyente y el nuevo miembro del cuerpo.

Muchos estudios indican que el proceso de discipulado ha fracasado entre las etapas dos y tres (a saber, lo que hemos explorado y adoptado personalmente no se ha convertido en un estilo de vida y por lo tanto no es parte de la identidad del creyente). Queremos discípulos que *experimenten* y *expresen*.

Queremos que *experimenten* verdades de la fe en la vida diaria, no solamente los domingos, sino cada día de la semana. Aquí es donde el discipulado con frecuencia fracasa. No es solamente aprender de memoria las Escrituras sino preguntarnos que versículos bíblicos he experimentado hoy, por ejemplo:

- «Servid a Jehová con alegría; Venid ante su presencia con regocijo» (Sal. 100:2).

- Buscar la quietud para orar: «Habla, Señor, que tu siervo escucha» (1 S. 3:8–9).

- Pedir perdón (confesar) cuando hemos hecho mal (Stg. 5:16).

De la misma manera, queremos que ellos expresen las verdades a otros como discípulos llenos del Espíritu. Una persona llena del Espíritu hace estas cosas:

- Escucha a Dios

- Experimenta constantemente las Escrituras

- Comparte el amor de Dios con los que están a su alrededor, comenzando en su hogar

- Se rinde al Espíritu para encontrar intimidad y discernimiento, dirección, e investidura de poder

Esto no es nuevo. Los creyentes de la iglesia primitiva emplearon términos que se referían a «etapas» tales como buscador, oidor, el que ora, y fiel. (Esto según *La tradición apostólica*, escrita alrededor de 215 d.C. por Hipólito, obispo de Roma.)[22]

Esto es eficaz no solamente en cada etapa de nuestra formación sino también en el proceso de desarrollo de la madurez cronológica. También funciona en el hogar.

La definición de la fe desde el hogar

Nacimiento preescolar	Escuela primaria	Escuela intermedia	Escuela secundaria
Explorar	**Adoptar**	**Experimentar**	**Expresar**
Las verdades de la fe	Las verdades de la fe de manera personal	Las verdades de la fe en la vida diaria	Las verdades de la fe a otros a través de mi identidad como cristiano

MODELO SEGÚN LA EDAD

Cada creyente, sin que importe la edad que tenga cuando entra al reino de Dios, comienza un proceso de crecimiento por etapas. De la misma manera, los niños crecen conforme a ciertas etapas del desarrollo humano. Nosotros conectamos estos dos procesos cuando preparamos un plan de discipulado para que los niños maduren en su fe.

Queremos que los niños en edad preescolar *exploren* las verdades de la fe al amparo de una relación de aceptación. Esto pudiera parecer como el preescolar que sale de su clase dominical y la mamá pregunta: «¿Hiciste algo en tu clase hoy?» (Esta es una pregunta común.) Imagine el entusiasmo de la madre cuando la pequeña Amanda responde: «¡Escuché que Dios me dijo cómo amar más a mi hermano!» (Esta es una respuesta relacional.)

Nuestros niños de la escuela primaria pueden *adoptar* las verdades de la fe de una manera personal. ¿Qué pasaría si su clase tuviera un encuentro con Jesús? Los niños podrían meditar en la imagen de Jesús que ora. El Espíritu Santo puede tocar profundamente el corazón con un verso bíblico, y ahora el niño puede darse cuenta de que el «... intercede por nosotros» (Ro 8:34).

De la misma manera, nuestros niños de la escuela primaria pueden *experimentar* las verdades de la fe en cada etapa de la vida. En esta edad, los alumnos piden al Espíritu Santo que los ayude a experimentar las Escrituras, a convertirse en «hacedores de la Palabra». Ellos practican las Escrituras como instruye 2 Timoteo 2:22 «Huye de las malas pasiones de la juventud, y esmérate en seguir la justicia, la fe, el amor y la paz, junto con los que invocan al Señor con un corazón limpio». El Espíritu Santo puede ayudar a estos jóvenes a que hagan preguntas como «¿qué tipo de amigos debo tener?» o «¿me animan mis amigos a que sea más cariñoso, pacifico, y fiel a mis convicciones?»

A medida que nuestros niños maduran y se convierten en jóvenes adultos, ellos pueden *expresar* las verdades de la fe a otros a través de su identidad como hijos de Dios.

EL ESTILO DE VIDA DEL DISCIPULADO

Quisiera repetir que un discipulado en el poder del Espíritu requiere de un estilo de vida de nuevos encuentros con Jesús. No deberíamos estar tan ocupados trabajando para Dios que perdamos nuestra relación con Él. Pablo dijo: «...todo lo considero pérdida por razón del incomparable valor de conocer a Cristo Jesús, mi Señor» (Fil. 3:8).

Jesús quiere nuestra alabanza, la alabanza de aquellos que bendijo, sanó, consoló, y alentó. Imagine a Jesús diciendo estas palabras: «¿Dónde están los otros nueve?» (Lc. 17:17).

Otra manera de tener un encuentro productivo con Jesús es estar atento a su voz, escuche a Jesús. Lucas escribió: «[María], sentada a los pies del Señor, escuchaba lo que él decía» (Lc. 10:39). Si estamos en quietud, oiremos hablar a Jesús. Sus instrucciones nunca nos confundirán.

En segundo lugar, para ser un discípulo lleno del Espíritu, necesitamos tener frecuentes experiencias de las Escrituras. No podemos dar lo que no hemos recibido. Si amamos a Dios, amaremos su Palabra. Es bueno conocer la doctrina e incluso aprender de memoria la Biblia, pero es más importante practicar las Escrituras diariamente. Esa debe ser nuestra meta.

Pedro nos enseña: «Ahora que se han purificado obedeciendo a la verdad y tienen un amor sincero por sus hermanos, ámense de todo corazón los unos a los otros» (1 P. 1:22). ¿Estamos practicando esto diariamente? Podemos practicarlo gozándonos con un amigo que recibe una gran bendición o consolándolo en su tristeza o llorando «con los que lloran» (Ro. 12:15). Esto es ser «¡hacedores de la Palabra!»

Cualquiera que aplique la Biblia de esta manera obtendrá un poderoso resultado en el Espíritu: «Soy una epístola viviente en reverencia y temor, cuando la Palabra se hace realidad en mi vida».

Quisiera decir otra vez: Un estilo de vida en el poder del Espíritu requiere la plenitud del Espíritu. En Efesios 5:18, Pablo dice que debemos ser llenos del Espíritu; esta no es una experiencia única sino una actividad continua. Lo que Dios requiere de los discípulos no puede lograrse con esfuerzo humano, e indudablemente necesitamos que la obra transformadora del Espíritu cambie nuestras motivaciones para no buscar nuestra propia gloria sino la gloria de Dios. Necesitamos el corazón y la capacidad sobrenatural que otorga el Espíritu Santo.

> Debemos ver a las personas como Dios las ve, o nunca las amaremos como Él.

Finalmente, un estilo de vida en el poder del Espíritu requiere compromiso fiel con el pueblo de Dios. Debemos ver a las personas como Dios las ve, o nunca las amaremos como Él. Debemos pensar que están perdidas espiritualmente y solas. Tienen necesidades espirituales como también necesidades de relación.

Mi amigo, el Dr. Ferguson, señaló algo en las Escrituras que no había notado antes, la soledad en realidad vino antes de la caída. En Génesis 2:18, Dios dice que Adán estaba solo y que no «era bueno» que estuviera solo. Varios versos antes de la caída en el pecado de Adán y Eva (Gn. 3:6), Dios dijo que no era bueno que Adán estuviera solo. Ferguson observa: «Ministrar aceptación y remover la soledad de la persona no significa que pasamos por alto el pecado. Más bien, significa que hemos observado con mayor detenimiento a fin de notar la necesidad de las personas».[23]

Estoy convencido de que el camino para ser un discípulo lleno del Espíritu comienza con amar a Dios y amar al prójimo, lo cual no podemos lograr sin la ayuda del Espíritu Santo.

Cada líder de la iglesia debe preguntar, «¿qué ambientes estamos fomentando para que se establezcan poderosos vínculos de relación?» Las iglesias responden a esta interrogante de diversas maneras, pero aquellas que practican un discipulado eficaz siempre tienen una respuesta clara. Muchas emplean el método de los grupos pequeños para fomentar las relaciones sinceras del uno con el otro. Algunas iglesias tienen programas mentores para seleccionar y equipar líderes. Algunas emplean la Escuela Dominical, los seminarios, y los retiros para juntar a las personas, para fortalecer las relaciones, y para impartir la verdad espiritual. Sin embargo, estos ambientes no son suficientes. Los ministerios poderosos y las iglesias en desarrollo siempre tienen dos ingredientes adicionales en su proceso de relación: las actividades del ministerio donde las personas aplican lo que aprenden para alcanzar a otros y una visión de multiplicar los líderes mediante la capacitación de discípulos para que hagan otros discípulos (2 Tim. 2:2). Una visión clara para el discipulado prácticamente significa que cada evento está designado a promover las relaciones y capacitar a las personas para amar a Dios de corazón, servirle con alegría y eficacia, y multiplicarse en la vida de otros.

MEDIR EL CRECIMIENTO ESPIRITUAL

La dificultad del discipulado es el peligro inherente de aplicar cualquier modelo de organización a la iglesia o a la vida del creyente. Es muy fácil que el enfoque cambie de una expresión orgánica de vida y fe a una lista de pasos y tareas legalistas desprovistas de la misma vida que tratamos de promover.

Esto no resta importancia a las disciplinas espirituales como la oración, la lectura de la Biblia, la asistencia a la iglesia, el testimonio personal, o la mayordomía. Los cristianos a través de los tiempos han empleado estos y otros métodos para desarrollar una relación más profunda con Dios. Sin embargo, las mejores interrogantes acerca del crecimiento espiritual indagan si nuestros discípulos están explorando, aceptando, experimentando, y expresando en vez de solamente aprender de memoria unos cuantos versículos. Debemos hacer las preguntas precisas si queremos las respuestas precisas.

Es importante definir ciertos resultados para los discípulos, las metas y los ideales que tenemos como objetivo. Si fracasamos en establecer metas, fracasaremos cada vez que procuremos lograr algo. Aunque la Escritura es clara respecto a lo que un discípulo debe saber (creer) y cómo un discípulo debe conducirse (hacer), esto no es suficiente y requiere el componente adicional de la relación, tanto entre los creyentes, y del creyente con Cristo.

Convertirse en mejor discípulo no significa que hacemos más ni conocemos mejor. No podemos evaluar al discípulo por la cantidad de versículos bíblicos que ha memorizado ni emplear este principio para determinar si un discípulo es más maduro espiritualmente que otro. El esfuerzo humano solo no puede producir resultados de un discipulado o un discípulo eficaz, aunque puede que parezca así por un tiempo, según ciertas medidas. Debemos tener la relación con el Espíritu Santo que reviste de poder y que está a disposición de cada creyente.

Nuestra meta es hacer discípulos que a su vez hagan discípulos llenos del Espíritu Santo.

> **Nuestra meta es hacer discípulos que a su vez hagan discípulos llenos del Espíritu Santo.**

DE NIÑOS A CREYENTES QUE SE REPRODUCEN

No nacemos de nuevo como cristianos maduros. Nacemos de nuevo como niños espirituales y a través del proceso de discipulado crecemos y maduramos. En muchos sentidos, esto refleja el crecimiento físico y la maduración.

La manera que los niños crecen es tan común y predecible que a menudo lo damos por sentado. Muchos padres simplemente piensan que pueden observar el crecimiento mientras sucede, y la mayoría del tiempo, tienen razón. Ron Bennett escribe en su libro *Intentional Disciplemaking* [Discipulado intencional] que este no fue el caso para él y Mary, su esposa, cuando tuvieron a Bryan, su primer hijo. Poco después de su nacimiento, el médico les informó que Bryan tenía dificultad para respirar, la raíz del problema estaba en el cerebro del niño.

Cuando Bryan cumplió los veinticinco años de edad, Ron escribió: «Aunque contaba trecientos meses, nueve mil ciento veinticinco días en la tierra, Bryan nunca anduvo, nunca vio el sol, nunca dijo "papá" o "mamá"; nunca jugó béisbol, corrió en medio de una regadera, o nos dio un abrazo. Inmediatamente después de su nacimiento, Bryan se convirtió en prisionero de su propio cuerpo cuando un daño cerebral severo le causó múltiples discapacidades que permanentemente impidieron su proceso de maduración. En consecuencia, Bryan tiene 25 años de vida pero solo nueve meses de desarrollo, normal y saludable».[24]

La discapacidad de Bryan impidió su habilidad de madurar, y los padres de hijos discapacitados en todas partes entienden el dolor que Ron y Mary han sentido por su hijo. Aunque lo amaban profundamente, ha sido inevitable que piensen como habría sido si Bryan se hubiera desarrollado normalmente.

Creo que Dios, nuestro Padre celestial, debe tener sentimientos similares cuando sus hijos se estancan en la infancia espiritual. Dios quiere mucho más para nosotros que una permanente infancia espiritual.

Cuando nacen nuestros hijos, es completamente normal que hagamos todo por ellos y que esperemos muy poco de ellos. Los vestimos, los bañamos, y los alimentamos. Sin embargo, esperamos que nuestros hijos crezcan y que eventualmente hagan todas estas cosas por sí mismos, eso es lo natural y normal.

Asimismo, los nuevos creyentes típicamente experimentan un período de infancia. Los alimentamos espiritualmente y esperamos poco de ellos. Sin embargo, así como no queremos bañar y vestir a nuestros hijos cuando son adolescentes, esperamos que los nuevos creyentes crezcan y maduren. Esto sucede mejor mediante el proceso de discipulado.

¿Qué podemos hacer si estamos produciendo infantes espirituales en nuestras iglesias que nunca crecen ni maduran espiritualmente? ¿Qué hacemos si ellos no han aprendido a alimentarse por sí mismos de la Palabra de Dios ni a vestirse de la justicia de Dios?

El primer paso es evaluar la eficacia de nuestro proceso de discipulado. Debemos preguntarnos con sinceridad si las personas de nuestra congregación están creciendo espiritualmente e incluso si tenemos la capacidad de evaluar certeramente si estamos formando nuevos discípulos o simplemente añadiendo convertidos. El discipulado es un proceso que va desde la cuna hasta la tumba, y avanzamos o retrocedemos continuamente hasta la muerte. (Recuerde, si cambia la vida de un niño, cambiará el mundo, y cuanto antes comience a invertir en ellos, tanto mayor el beneficio.)

Procure hacer las preguntas difíciles a fin de obtener respuestas sinceras acerca de cuán buen trabajo su iglesia cumple en sus esfuerzos de discipular a los creyentes.

No creo que haya buen discipulado sin un estudio sistemático de la Palabra de Dios. No hay norma sin la Biblia, no hay objetivo que alcanzar sin la Escritura, y cualquier enseñanza que no incluya la Biblia es información de segunda mano. Ya sea que la enseñanza se realice en una clase, grupo pequeño, o de modo individual, es vital desarrollar un espacio y una secuencia para la enseñanza de los relatos de la Biblia. Para los niños la Palabra es como leche y para los espiritualmente maduros, como carne, y debemos proveer ambos para alimentar conforme a la edad.

Cuando alimentamos por cucharadas a los discípulos de la Biblia no los ayudamos a madurar. Ellos deben asumir la responsabilidad de estudiar la Palabra y aprender a «alimentarse» por si mismos. (Mi padre solía decir: «No me importa darte el biberón [la leche], lo que no me gusta es el bigote que te cubre la boca») Queremos que nuestros discípulos crezcan en sabiduría, y eso significa que debemos enseñarles a estudiar la Biblia y a depender de la dirección del Espíritu Santo.

EL DISCIPULADO COMIENZA EN LA GUARDERÍA

Las estadísticas muestran que los adultos tienden a dejar de crecer espiritualmente en el quinto o séptimo año de su experiencia cristiana. Las estadísticas también muestran que necesitamos programas dirigidos a nuestros niños, alumnos, y jóvenes. Si no enfatizamos el discipulado, desde la guardería, ¡sí, los bebitos!, perderemos la oportunidad irrecuperable de formar seguidores de Cristo para toda la vida.

Cuando un niño pasa de la iglesia de niños al ministerio de jóvenes, debemos seguir edificando sobre el fundamento que se estableció en esos años anteriores. Aunque en muchas iglesias se da poca importancia a la efectiva conexión que debe haber entre los ministerios de niños y los ministerios de jóvenes, este es un paso vital en el discipulado que no debemos ignorar. Nunca se hará demasiado énfasis en la importancia de comenzar temprano, de manera que es tiempo de dar un vistazo crítico a la guardería, a los niños y al programa de jóvenes.

Así como ha evaluado su iglesia anteriormente, es tiempo de evaluar el discipulado desde la clase cuna hasta la escuela dominical para los adultos santos. Pregúntese si los ambientes de su iglesia conducen al aprendizaje y evalúe los materiales de enseñanza que usa.

Para ayudarlo a evaluar su ambiente de discipulado desde una nueva perspectiva, suponga que usted es un nuevo creyente y considere lo que esa persona podría ver. Recuerde, el discipulado comienza en la guardería, de manera que pregúntese si los carteles para los padres son claros y si hay personas en la recepción u otros voluntarios que muestren buena disposición para ayudarlos a encontrar la sala cuna. Estas cosas parecen insignificantes, pero permiten que los padres y los niños tengan una experiencia productiva y positiva, y estos son los asuntos que captan la atención de los visitantes.

Haga preguntas similares a este respecto acerca de las oportunidades del discipulado que tiene para los adultos. ¿Cómo un nuevo creyente se siente cuando comienza una clase o grupo pequeño? ¿Qué podemos hacer para reclutar más ayudantes de manera más expedita? ¿Quién esta enseñando, y opera ese maestro conforme a sus dones?

La apariencia puede establecer el tono y a menudo refleja cuanta atención le damos a los programas de discipulado. Pregúntese si su área es limpia, pulcra, y adornada de manera atractiva, de manera que ofrece un ambiente que fomenta el aprendizaje. ¿En su guardería o en su área para los más pequeños tiene nuevos juguetes o equipamiento que estimule el discipulado de estos niños? ¿Se esfuerza la iglesia para que los niños mayores participen con su mente y su espíritu? ¿Quieren los jóvenes asistir a la iglesia, o prefieren ir a otro lugar? ¿Qué puede hacer para crear un ambiente contemporáneo y estimulante con voluntarios que se identifiquen con los jóvenes y sus necesidades particulares?

Aunque es útil evaluar desde una nueva perspectiva el ambiente del discipulado, es tal vez más importante evaluar lo que está enseñando. ¿Cuánto tiempo ha pasado desde la última vez que el grupo de líderes revisó el material para niños? Posiblemente se sorprenderá cuando descubra que muy pocas personas saben ¡lo que se está enseñando en la iglesia! Aproveche lo que ha aprendido de este libro y procure implementarlo, no solo para los adultos sino para que los niños también cuenten con una base para el discipulado, el evangelismo, y la adoración.

Creemos firmemente que todos los materiales de discipulado de la iglesia —de niños a adultos—se deben imprimir o se deben reunir para su revisión, usando lo que usted aprenda en el proceso Hechos 2. Usted puede adaptar cada parte del plan estratégico para cada etapa del discipulado.

El discipulado cambia con cada etapa de la vida, pero la necesidad de él nunca cesa. Por sobre todas las cosas, queremos que las personas en nuestras iglesias crezcan a la semejanza de Jesús, para que ministren, sirvan, discipulen y reproduzcan la vida abundante que ellos han recibido.

EL PROCESO DE MADUREZ

Cuando consideramos lo que significa ser un creyente en Cristo, debemos adoptar un enfoque integral que se centre en la formación y transformación espiritual. Así como primero debemos ser llenos del Espíritu si queremos producir discípulos llenos del Espíritu, también debemos comprometernos a ser formados espiritualmente si queremos que otros también lo sean. El liderazgo lleno del Espíritu que forma discípulos ocurre solamente cuando el Espíritu Santo transforma primeramente en discípulos a los mismos pastores y líderes.

La madurez espiritual no es un destino; es un proceso. Requiere de tiempo, compromiso, y esfuerzo para el crecimiento espiritual… y no hay atajos.

Cuando usted forma discípulos llenos del Espíritu, la vida y la relación que tienen con el Espíritu Santo no les dejará indefinidamente en una condición de inmadurez; los estimulará a avanzar de gloria en gloria. Ellos ya no dependerán de líderes espirituales que los alimenten, los corrijan, y limpien su desorden. Ellos serán discípulos maduros, llenos del Espíritu que pueden hacer estas cosas en cualquier momento del día y la noche el resto de su vida.

Esta relación de conexión es la clave del crecimiento espiritual. Cuando formamos discípulos con un plan de legar la investidura espiritual, nuestra meta nos será formar niños espirituales que dependan de nosotros para todo. Al contrario, querremos que los discípulos maduren y se conviertan en hacedores de discípulos de las generaciones futuras.

En nuestra tarea de ayudar a los líderes a desarrollar las cinco funciones del modelo de ministerio según Hechos 2, muchos han presentado una sencilla pero profunda pregunta: «¿Cómo es un discípulo lleno del Espíritu?» En otras palabras, ¿cómo puede un líder de la iglesia medir el crecimiento espiritual, emocional, y relacional de las personas, además de su eficacia en el servicio? Para responder a esta interrogante, hemos desarrollado una serie de «40 indicadores de un discípulo en el poder del Espíritu». Encontrará esta lista en el Apéndice de este libro, y puede bajar una copia reproducible de nuestro sitio de internet: acts2journey.com.

14 SERVIR

No hay factor que tenga más potencial para edificar una iglesia saludable y firme que la movilización de la congregación para que sirva a Dios con alegría y eficacia. Los miembros de la congregación pueden ir a lugares y hacer cosas que sus pastores y líderes no pueden, ni aun con sus grandes ministerios, ampliamente difundidos en programas de televisión, u otros medios de transmisión digital. Cualquier creyente puede llegar a la vida de los que sufren de una manera única y poderosa cuando sirven dentro y fuera de la iglesia.

Si pudiéramos convencer a cada miembro de la congregación de su responsabilidad de sacerdote, y que cada uno debe cumplir la misión de la iglesia, entonces nuestras iglesias experimentarían un crecimiento asombroso. Equipar, capacitar, y desarrollar laicos para el ministerio probablemente es la demostración más genuina del Gran Mandamiento y la Gran Comisión.

Dios llama a cada creyente y le otorga dones y habilidades. Nuestra función como líderes es ayudar a las personas para que descubran y utilicen estos dones, y entiendan su responsabilidad ante Dios de cómo los usarán.

Los que han cambiado de consumidor a contribuyente naturalmente cumplirán una nueva responsabilidad, la función bíblica a la que fuimos llamados a servir. Esta es una oportunidad maravillosa de satisfacer las necesidades normales de una iglesia y abrir innumerables puertas en nuestra comunidad, todo mientras desarrolla la formación de nuestros discípulos hacia la madurez espiritual. La mejor manera de que una persona que asiste a la iglesia se sienta conectado a ella o integrante de ella es al servir de alguna manera, y este tipo de servicio orgánico es indispensable cuando se trata de ministrar personalmente a cuantos sea posible.

La clave del servicio es dejar la mentalidad de líder y sus ayudantes que la mayoría de las iglesias tiene y optar por una mentalidad de equipo donde el pastor y otros líderes se convierten en desarrolladores en vez de que se los vea como los únicos que realizan la obra del ministerio.

REQUIERE UN EQUIPO

Los pastores necesitan capacitar a los santos para la obra del ministerio, y el desarrollo de la nueva generación de líderes debe ser un valor esencial del fundamento cuando determine que lugar ocupa en su iglesia el factor servir.

La formación de un equipo requiere de cuatro factores importantes: el desarrollo de un equipo requiere de *confianza*; se debe *facultar* a los miembros para que tomen decisiones; hay que otorgarles *responsabilidad*, y crear un ambiente de *mentoría* personal.

Las personas que integran un equipo deben confiar mutuamente entre sí, mediante la acción consecuente, la lealtad en ellos, y la persistencia. Cuando cada uno está convencido de que es parte de un reino de sacerdotes que ha recibido la Gran Comisión y el Gran Mandamiento, está consciente de que tiene una gran responsabilidad.

Una de las tareas más difíciles de un pastor es delegar ciertas decisiones a los miembros del equipo, aunque estas sean personas consagradas a Dios. Este también es un asunto de confianza;

debemos confiar que los discípulos que estamos desarrollando han sido llenos del poder del Espíritu. La persona llena del Espíritu puede ir a lugares, pensar en nuevas ideas, y tomar iniciativas, y de esta manera aliviar el trabajo del líder, quien muchas veces no tiene tiempo ni los recursos para cumplir ciertas tareas.

La responsabilidad es muy importante en este proceso de edificar un equipo. Las personas deben estar dispuestas a rendir cuentas de su labor voluntariamente y cada vez que sea necesario; el servicio será en plena transparencia. Se puede entender de la siguiente manera: si una esposa tiene que preguntarle a su esposo qué tal ella luce, ya es muy tarde. El esposo debe dar esa información antes de que ella se lo pida.

He aquí otro ejemplo que nos ayuda a entender esta necesidad: si un esposo se levanta durante la noche, y la esposa oye que se abre la puerta y después el motor de un vehículo en marcha, posiblemente se preocupará. Si ella después pregunta que sucedió y él responde de manera defensiva, seguramente habrá tensión en el hogar. Pero, si desde el principio él informa que simplemente va a la tienda de comestibles y que volverá en veinte minutos, no habrá problema.

Tanto el mentor como quien recibe la instrucción son discípulos. Como vimos en capítulos anteriores, no se puede formar discípulos solamente con la reunión del domingo. Como líderes, debemos invertir en los «Timoteos» bajo nuestra influencia, para transmitirles todo lo que hemos aprendido en nuestro andar cristiano.

Además de comunicar el sacerdocio a todos los creyentes, muchas otras cosas son necesarias para formar equipos dinámicos. Dos de las más básicas son tener metas comunes (visión) y participar en una comunicación abierta (relación). Una triste estadística nos informa que sólo cinco por ciento de los líderes de la iglesia pueden formular una visión. ¿Cómo podemos esperar que alguien comparta una visión si no podemos enunciarla?

Primero, capte la visión y después preséntela; comunique la visión con tal claridad que su equipo se persuada de ella. Al hacerlo, formará un equipo poderoso que tendrá una eficacia en el ministerio que nunca podría desarrollar si trabaja solo.

Quisiera proveer algunas perspectivas y orientación adicionales:

- **Reclutar**—enuncie una visión clara y convincente. Entreviste personalmente a la persona y explique los beneficios y las bendiciones del servicio; no se refiera al ministerio como una pesada y agobiante carga.

- **Comunicar expectativas**—explique qué espera del que sirve en una capacidad particular, como en la cabina de sonido o en el estacionamiento recibiendo a los que llegan.

- **Capacitar**—comunique un fundamento bíblico del trabajo en la iglesia (ejemplos bíblicos de servicio), provea recursos adecuados, y asegúrese de que los voluntarios sirvan al Señor de acuerdo a su talento o habilidad.

- **Designar**—delegue una responsabilidad y conceda autoridad para que realicen su trabajo.

- **Evaluar**—revise las expectativas y evalúe el desempeño. Este es el momento donde las personas deben rendir cuentas.

- **Animar**—recuerde que estas personas son voluntarias. Celebre su ayuda en público; corrija en privado.

¿POR QUÉ VINO JESÚS?

Cuando pensamos en la razón de que Jesús vino al mundo, podemos hacer una lista que incluye la salvación del ser humano, la sanidad de los enfermos, la esperanza a los desanimados y muchos otros aspectos de su ministerio. Jesús vino para servir con sus palabras y acciones. Algún día, Jesús regresará como Rey triunfante, pero primero vino como siervo humilde. Jesús le dijo a sus discípulos: «el que quiera hacerse grande entre ustedes deberá ser su servidor, y el que quiera ser el primero deberá ser esclavo de los demás; así como el Hijo del hombre no vino para que le sirvan, sino para servir y para dar su vida en rescate por muchos» (Mt. 20:26–28).

Fácilmente podemos considerar esto como retórica que suena bien, pero deténgase y piense en el hecho de que el Hijo de Dios se hizo hombre, descendió del cielo y nació como un indefenso niño, creció como el hijo de un carpintero, y cumplió su ministerio no para recibir gloria propia sino para glorificar a su Padre celestial, sirviendo a las ovejas sin pastor.

Esto es más que un modelo de liderazgo; el servicio es un estilo de vida, el fundamento del evangelio. Jesús no solamente habló del liderazgo sino que lo practicó. Quizás una de las mayores demostraciones del corazón de un siervo es la ocasión cuando Jesús lavó los pies de sus discípulos (Jn. 13).

No debemos pasar por alto esta historia porque ya la hemos escuchado muchas veces. Haga una pausa, olvide lo que ha oído o leído, y vea esta verdad con sus propios ojos. El Creador del universo dejó su gloria, se ciñó una toalla y asumió la posición de humilde siervo.

Considere por un momento lo que una persona del Medio Oriente recorría con sus pies protegidos solo con sus sandalias. Imagine lo que posiblemente había en las calles, lo que los animales dejaban. No había sistema de desagüe, y las personas no conducían por las calles con vehículos nuevos y limpios. Estos eran caminos de tierra llenos del estiércol de los animales. Piense en el calor y el sudor en las piernas de esos hombres del Medio Oriente, que al deslizarse en gotas sobre la piel marcaba surcos en el polvo endurecido.

Esto fue lo que Jesús lavó de sus pies, el estiércol de los animales y el desecho humano, pies cubiertos de polvo, sudor y mugre. El agua clara y limpia rápidamente se convertía en una mezcla repugnante.

Esto no fue un gesto meramente simbólico. Fue una demostración en un contexto social de cómo es el humilde corazón de un verdadero siervo.

Este fue el ejemplo que Jesús dio a sus discípulos como una de sus últimas enseñanzas en la tierra. Jesús les preguntó: «¿Entienden lo que he hecho con ustedes? Ustedes me llaman Maestro y Señor, y dicen bien, porque lo soy. Pues si yo, el Señor y el Maestro, les he lavado los pies, también ustedes deben lavarse los pies los unos a los otros. Les he puesto el ejemplo, para que hagan lo mismo que yo he hecho con ustedes. ... ¿Entienden esto? Dichosos serán si lo ponen en práctica» (Jn. 13:12–17).

Si Jesús hizo esto por sus discípulos, incluido Judas que pronto lo traicionaría, ¿cómo podríamos ignorar el precedente que estableció para nosotros? ¿Cómo no trataremos de imitar a este humilde Siervo ante los que discipulamos mediante el servicio abnegado?

Además, ¿qué pasaría en cualquier iglesia si la mayoría de los que asisten entienden esto? ¿Cómo podrían atender mutuamente la necesidades de los demás? ¿Qué necesidades podríamos satisfacer si servimos pensando que somos las manos y los pies de Dios?

Jesús no solamente atendió a sus discípulos; su propósito final no era que tuvieran pies limpios. Su propósito era prepararlos como futuros líderes de la iglesia, que a su vez capacitarían a los santos para la obra del ministerio y les enseñarían a hacer lo mismo.

Así también debemos ser nosotros.

DESCUBRIR EL PROPÓSITO

Anteriormente en el libro, hablé acerca del propósito y cuán importante es ayudar a nuestros discípulos a que descubran la razón de que Dios los puso en la tierra. La capacidad de servir tiene relación directa con el propósito, y Dios nos ha dado dones espirituales y talentos para que lo glorifiquemos y cumplamos el propósito que nos dio. Los dones, las habilidades naturales, y la personalidad son una combinación única, tan personal como las huellas digitales. Es la manera en que Dios nos hizo, y que nos califica para el llamado que puso en nuestra vida.

Por lo general, vemos en la Biblia tres categorías de dones. La primera son los *dones de la manifestación del Espíritu,* que Pablo menciona en su primera carta a los corintios (la mayoría de los pentecostales y carismáticos generalmente piensa en esta lista cuando se habla de los «dones»). La segunda categoría son los *dones ministeriales,* que encontramos en Efesios 4. Finalmente, en Romanos tenemos los *«dones de motivación»,* que a veces lo pasamos por alto porque son similares a las habilidades naturales.

Algunos de estos dones tienden a operar más en un sentido colectivo que individual. Podríamos decir que el don de sanidad opera dentro de la iglesia en vez de en un persona, quien probablemente ejercita un don pero no siempre lo posee.

Cada individuo tiene dones espirituales, habilidades naturales, inclinaciones distintas, y experiencias de vida singulares, todos estos crean su personalidad, su perspectiva del mundo, y su habilidad para cumplir el propósito que recibe de Dios. Cuando las congregaciones descubren sus dones espirituales las puertas se abren para que descubran un nuevo y gran potencial y maravillosas oportunidades de servicio. Se han elaborado muchos cuestionarios y pruebas para explorar los dones y capacidades que el Espíritu ha puesto en cada creyente y programas para descubrirlos (hablaremos de ello más tarde), y estos pueden ser un medio excelente para la formación de discípulos.

Servir con los dones y las habilidades naturales es como escribir con su mano dominante. ¿Se ha quebrado o lesionado alguna vez su mano dominante y tuvo que escribir con la mano más

> Servir con los dones y las habilidades naturales es como escribir con su mano dominante.

débil? Nos demoramos más, y el resultado no es muy prolijo. Es incómodo. A veces sucede algo parecido cuando las personas sirven en un área que no armoniza con sus dones. Una de nuestras metas es que los voluntarios encuentren donde servir con comodidad y eficacia.

Sin embargo, aunque la persona piense que no está dotada para una cierta área de servicio, debemos enseñarle que con la ayuda de Dios podemos servir donde hay necesidad. Jesús fue siervo de todos y mostró claramente que las obras de servicio más humilde son propias incluso para los líderes en más alta posición. Nunca pido que otros hagan algo que yo mismo no estoy dispuesto de hacer o lo que no he hecho.

Una iglesia que conozco tiene la política de que cualquier persona que quiera servir como pastor, primero tiene que trabajar como miembro del equipo de limpieza. Hay pocas cosas que sean más básicas en el servicio que la limpieza de los baños después de las reuniones, y creo que como ministros nos muestra una perspectiva única de la humildad con que Jesús sirvió a sus discípulos al lavarle los pies.

De manera que mientras nuestro servicio satisfaga las necesidades de la iglesia, estemos «dotados» o no para cambiar pañales, dar la bienvenida a los visitantes, o ayudar a los jóvenes, queremos que las personas encuentren su lugar y sirvan conforme a sus dones. Necesitamos personas que puedan cantar en armonía con el equipo de alabanza, personas que sean amigables para dar la bienvenida a los que llegan, y personas de confianza para que recojan las ofrendas.

ORIGEN HUMILDE, SERVICIO MARAVILLOSO

Podemos enriquecer vidas y dar oportunidades maravillosas de servicio cuando ayudamos a las personas a descubrir sus habilidades naturales y la manera en que éstas complementan su personalidad, como se relacionan con sus gustos e inclinaciones, y se adaptan al contexto de sus experiencias en la vida. Aunque usemos instrumentos de evaluación, libros, y grupos pequeños para desarrollar estos puntos en nuestros programas de discipulado, nuestro ejemplo es Cristo, quien se hizo siervo de todos nosotros.

También sería bueno que consideremos los personajes de la Biblia que se destacan por alguna obra extraordinaria pero que comenzaron en una posición muy humilde. El padre de David ni siquiera lo hizo venir a casa cuando el profeta Samuel visitó a la familia y pidió ver a sus hijos. Como el menor entre sus hermanos, David no era tomado en cuenta, estaba relegado a tareas serviles como la de pastorear las ovejas. El cuidado de ovejas no era un llamado noble; era la tarea más inferior, reservada para los siervos. David no era el inferior en el clan familiar; ¡él ni siquiera figuraba en el clan familiar!

Sin embargo Dios vio en David más de lo que cualquier persona podía, y ese tiempo en que cuidó las torpes y malolientes ovejas fue cuando el pastor con alma de poeta se convirtió en guerrero. David fue el rey más grande de Israel, pero comenzó como un humilde siervo.

Gedeón es otro excelente ejemplo. Escondido en un lagar y cumpliendo una labor manual, este temeroso hijo de un hombre poco importante tuvo un encuentro con Dios, quien proféticamente lo llamó ¡guerrero valiente! Dios vio algo en Gedeón que nadie habría notado en su escondido lagar. Él vio un instrumento para la victoria de su pueblo.

¿Nos describe esto? ¿Es esta una descripción precisa de nuestro ego y de la opinión que tenemos de nosotros mismos? ¿Queremos que Dios nos llame de nuestro lagar escondido para usarnos como su instrumento? ¿O queremos nosotros darnos a conocer?

No es posible que hablemos del servicio sin una comprensión adecuada de la humildad, porque sin la humildad como fundamento, el buen éxito en el servicio puede ser motivo de jactancia. Esto es aplicable a cualquier miembro de la congregación y también a los líderes, pero nuestro deber es de no solo mantener nuestro corazón humilde sino ser ejemplo para aquellos que enseñamos.

Un amigo nos contó una divertida experiencia de lo que sucedió cuando elogió a uno de los acomodadores en el estacionamiento de la iglesia y a modo de broma le dio el título de «Capitán de los auxiliares del estacionamiento». La semana siguiente el hombre apareció con una linterna muy brillante, una chaqueta deportiva muy deslumbrante, y un sombrero como de un capitán de barco. Además de un ridículo espectáculo, fue una oportunidad que el pastor aprovechó para explicar la importancia de la humildad en el servicio.

Nadie debe sentirse capitán de los auxiliares del estacionamiento. No deje que el éxito en el servicio lo llene de orgullo, debemos preparar a nuestros discípulos para que sirvan con humildad y tengan el concepto debido de ellos mismos mientras cumplen su trabajo.

HERRAMIENTAS DE SERVICIO

Las evaluaciones de los dones espirituales ayudan a las personas a descubrir sus dones, pero también ayuda a los líderes de la iglesia. Cuando ayudamos a que otros descubran sus dones espirituales y talentos naturales, podremos desarrollar los recursos más importantes dentro de la iglesia. Yo animo a los líderes de la iglesia a que inviertan en sus colaboradores en el ministerio y en los líderes laicos en la congregación, ayudándolos a reconocer sus dones espirituales.

Los instrumentos de evaluación proveen un inventario de los recursos espirituales con que cada individuo puede contribuir al cuerpo, y es motivador ayudar a que cada persona descubra cuales son sus dones más evidentes en su vida, en su ministerio presente, y en lo que será su futura participación en la iglesia. Cuando las personas conocen sus dones, podremos ofrecerles con más confianza una tarea adecuada conforme

> Cuando ayudamos a que otros descubran sus dones espirituales y talentos naturales, podremos desarrollar los recursos más importantes dentro de la iglesia.

surjan las oportunidades en el ministerio. Además, es una ayuda para los líderes porque podrán encontrar personas idóneas para satisfacer las necesidades del cuerpo de Cristo.

Las encuestas y las evaluaciones nos ayudan a identificar el don y las habilidades de una persona, pero no son la respuesta completa. Estos instrumentos pueden ser un reflejo del deseo de una persona de servir a Dios en una cierta función, pero esto no asegura que la persona tenga la habilidad para servir eficazmente en esa función. Conforme ayudamos a las personas a encontrar su lugar apropiado en una función que los inspire y además propague el reino de Dios, debemos animarlas a que prueben otras oportunidades de ministerio para que descubran donde pueden crecer y desempeñarse bien. Sin embargo, corresponde decir que el Espíritu Santo puede tomar personas que consideramos poco calificadas y usarlas de una manera inimaginable. La Biblia está llena de historias de candidatos inesperados que Dios usó de manera extraordinaria. Moisés tartamudeaba, Elías huyó agotado y temeroso de Jezabel, Jeremías estaba deprimido, Tomás dudó, Pablo fue un asesino, Pedro era muy impulsivo. Y la lista continúa, pero me imagino que usted entiende el punto.

La obra del Espíritu Santo está por encima de cualquier defecto, incapacidad, o insuficiencia.

He descubierto que la mejor manera de ayudar a las personas a encontrar su lugar en el ministerio es enseñarles acerca de los dones espirituales y guiarlas en una actividad que las ayude a descubrirlos. Al mismo tiempo, confíe en sus observaciones y dependa de la dirección del Espíritu Santo.

Cada congregación tiene una diversidad de necesidades en el ministerio dentro de la iglesia y la comunidad. Conforme conozca los dones y los talentos naturales que hay entre el personal de su ministerio y los voluntarios, ubique a las personas en las áreas donde puedan usar esos dones eficazmente.

La meta aquí no es la perfección. Aunque queremos que las personas sirvan en las áreas según sus dones, simplemente procurar que participen primero y luego afinar sus áreas de servicio podría ayudar a los miembros a que contribuyan en el cuerpo de Cristo como parte de la iglesia y sus diversos ministerios.

Un amigo mío relata la historia de una mujer que ha enseñado la clase bíblica de los domingos por más de veinte años. Él era un pastor relativamente nuevo en la iglesia y después de entregar un mensaje sobre los dones espirituales, esta mujer se acercó y le dijo que aunque había estado enseñando la clase bíblica por más de veinte años, en realidad este no era su don. Al parecer, eso era obvio, y el chiste era que quedó atrapada en la enseñanza de la clase dominical por andar muy lento en el pasillo y dejar que el pastor la alcanzara. Él le pidió que ayudara por unas pocas semanas, y veinte años después ella todavía seguía haciendo lo mismo que él le pidió, no porque fuera su don sino porque estaba dispuesta a hacerlo.

¡Probablemente esas «pocas semanas» fueron las más largas de su vida!

Mientras conversaban, fue obvio para mi amigo que ella tenía el don de la hospitalidad, y el pastor prometió que en dos semanas encontraría a alguien que se encargara de la clase para que ella se uniera al equipo de los que dan la bienvenida a los visitantes. ¡El rostro de ella se iluminó! Todo comenzó a cambiar favorablemente cuando ella comenzó a operar en sus dones, y Dios la usó de maneras increíbles cuando ocupó su lugar apropiado.

Muchas personas sirven en la iglesia porque están tratando de ayudar, lo cual es loable. Sin embargo, ¿cuánto más efectivo sería si dedicáramos el tiempo para ayudarlas a descubrir sus dones y ubicarlas en las áreas de servicio donde pueden trabajar con eficiencia?

Nuestras iglesias están llenas de personas que no se consideraban útiles o que no tenían capacidad para una cierta responsabilidad hasta que alguien creyó lo contrario. Como líderes, esa es nuestra tarea, considerar a las personas como obras de arte de Dios y animarlas a usar los dones que él les ha dado. Cada persona tiene talentos que puede usar para la gloria de Dios y para su propia realización.

> Cada persona tiene talentos que puede usar para la gloria de Dios y para su propia realización.

A veces notamos el don de una persona antes que ella misma lo note. Un amigo relata de la necesidad de maestros de escuela dominical para las jovencitas que había en una iglesia. Después de revisar cuidadosamente la lista de los padres que tienen niñas de esa edad, la líder voluntaria le dijo a mi amigo que ya tenía a alguien en mente para dirigir la clase. Se trataba de una jovencita que todavía estaba en la secundaria, y no había dado muestra alguna de que tenía el don para enseñar. Era tranquila, de espíritu apacible, como una flor silvestre.

La líder voluntaria decidió invitarla para que enseñara la clase de las jovencitas, y con el paso de los meses y los años ella se convirtió en una de las mejores maestras que la iglesia había tenido. Las jovencitas la amaban, y ella ejerció una gran influencia en muchas vidas. Para el ojo natural, ella no era la maestra idónea, pero el Espíritu dirigió a la líder para ayudar a la joven a descubrir sus dones cuando la ubicó en el lugar indicado para que los ejercitara.

A menudo, todo lo que las personas necesitan es alguien que crea en ellas y les dé una oportunidad para que usen los dones y las habilidades que Dios les da. En vez de simplemente valerse de una persona dispuesta, como la maestra de la escuela dominical que sirvió por veinte años, la inspiración del Espíritu Santo puede ayudarnos a encontrar el potencial que buscamos en las personas que nos rodean.

La meta es mayor que solamente proveer personas talentosas y con dones para los diversos programas de la iglesia. Consiste en que los discípulos crezcan y se desarrollen sirviendo, de manera que todo el cuerpo se beneficie y que las personas maduren como creyentes.

Cuando se comienza a enfatizar el servicio, es probable que haya también un aspecto negativo. Algunas personas comenzarán a participar y probarán que no son eficientes en lo que se les asigna. Cuando recluto personas, generalmente al principio establezco un tiempo límite para la tarea. Si todo marcha bien, y quieren permanecer en esa posición, entonces pueden continuar. Si no, comienzo una estrategia para la salida. Aunque pueda ser riesgoso, vale la pena liberar a las personas para que sirvan.

Solo se necesita una persona para cambiar una vida, pero en la economía de Dios, la matemática funciona algo diferente. Una persona perdida puede venir a Cristo porque una persona voluntariamente decidió servir. Una persona ha sido salva, pero también la vida del voluntario ha sido cambiada, y también la vida de todos los que son bendecidos cuando el nuevo creyente crece y madura mientras sirve y glorifica a Dios. El efecto dominó de la bendición, el poder y el amor de Dios es infinito.

¡Servimos a un Dios de multiplicación!

15 IR

Jay Martin sirvió como agente de libertad condicional para el juez de un tribunal mientras asistía a la facultad de derecho de la universidad en Little Rock, Arkansas. Mientras realizaba este trabajo, le sorprendió el alto número de varones afro-americanos que se presentaban ante el juez. Una de sus tareas era mantener un registro de la historia de estas personas, y él comenzó a notar las características comunes: hogar de madre soltera, acusación de abuso de drogas, pobreza.

Jay se preguntaba, *¿qué podría haber cambiado si alguien hubiera intervenido antes en la vida de estas personas?* ¿Podría alguno haberse librado de una vida de crimen si alguien simplemente lo hubiera amado como para interesarse? Jay mismo provenía de un hogar dividido, y comenzó a preocuparse por los jóvenes que llegaban al tribunal.

Un día fue a almorzar con el jefe de los agentes de libertad condicional, pero no fueron al lugar más popular del suburbio. Por el contrario, fueron a una de las áreas más pobres de donde provenían muchas de las personas que veían en el tribunal. Mientras regresaban del almuerzo, pasaron por un sector rodeado de muros que estaba pintado con toda clase de grafiti.

Jay le preguntó al agente cómo se llamaba ese sector de la ciudad. El oficial con una mirada de conocedor, replicó, «los proyectos».

Dios puso en el corazón de Jay un deseo de regresar a esa área, y cuando esa área cerrada se abrió nuevamente, comenzó a visitarla los sábados por la mañana para jugar baloncesto. Primero fue allí solo en la primavera de 1998. Ese primer día, jugó baloncesto con un joven de dieciocho años. Cada sábado volvió al lugar para jugar baloncesto, y poco a poco conquistó la confianza de los jóvenes que venían a jugar.

Finalmente, Jay renunció su posición como director del ministerio a los universitarios en First Assembly of God en North Little Rock para enfocar la atención de su ministerio en esa área. Hoy, todavía sigue allí, ya cumplió más de diecisiete años de ministerio en el proyecto habitacional Amelia B. Ives.

Aunque Jay comenzó la obra solo, no permaneció solo. La iglesia First Assembly of God compró una propiedad y después agregó un templo, que se denominó Metro Worship Center [Centro de Adoración Metro]. Metro comenzó como un ministerio a los desamparados, inspirado en el Dream Center que Matthew Barnett dirige en la ciudad de Los Ángeles. Ellos transportaban en autobuses a los desamparados desde las misiones de rescate para que estuvieran en la reunión de las 5:30, donde Jay predicaba. Inmediatamente después, también llevaron los estudiantes de los diez vecindarios más difíciles en Little Rock para que participaran en el Ministerio ROCK para niños y el Ministerio Revolución para los estudiantes.

Su trabajo ha inspirado a niños, a familias pobres, y a personas desamparadas a convertirse en fieles creyentes de Jesucristo. El énfasis y fervor de Metro es fomentar una relación entre las personas desplazadas, sin esperanza y sin iglesia de Little Rock y el corazón de Cristo.

Se han iniciado nuevos ministerios y eventos adicionales, como el campamento de amor que se celebra cada verano y la cena anual de Acción de Gracias en las instalaciones del centro de exposiciones de la ciudad. Los líderes de la ciudad han aceptado el ministerio Metro, sin dar importancia a la corriente política de quienes dan su apoyo, y esas oportunidades politicas han abierto puertas para Jay en lo personal. Como cristiano a favor de la familia, y líder de gobiernos pequeños, Jay fue elegido miembro de la legislatura del Estado y más tarde se le pidió que sirviera como líder de la mayoría.

Todas las cosas que Dios ha hecho a través de la buena disposición de este hombre para ir a los sectores más pobres de Little Rock podría escribirse en un capítulo y más, pero el punto no es glorificar a Jay. La disposición y el esfuerzo de Jay de servir a otros ¡glorifica a *Dios*! Jay es un hombre común y corriente que está dispuesto a ir donde Dios lo envíe. Pudo haber sido cualquier otra persona.

Cualquier discípulo de Dios dispuesto a obedecer puede cambiar el mundo, pero debemos ir a ese mundo para marcar la diferencia.

EL FUTURO ESTÁ EN JUEGO

El futuro de la iglesia está en juego, e «ir» es uno de los factores principales de cómo será el futuro. ¿Nos mantendremos pertinentes, o la influencia de la iglesia menguará hasta perder su impacto en la sociedad?

Los líderes anhelan que sus iglesias crezcan, que las personas experimenten el amor transformador de Jesús, que sus familias sean sanadas, y que las comunidades disfruten la reconciliación, pero muchos de estos líderes están asombrados por la falta de vitalidad espiritual. ¿Cuál es el problema? Una iglesia, como cualquier otra, pasa por etapas. Una iglesia nueva tiene miembros nuevos que crecen mientras pasan por etapas espirituales conforme la iglesia crece. Del nacimiento a la infancia, de la niñez a la adolescencia, los creyentes crecen como niños, y con ellos, crece la iglesia.

Los creyentes maduros están en su apogeo y deben formar discípulos, usando su crecimiento y madurez para apoyar a los creyentes más nuevos. El proceso debe comenzar una y otra

> Los cristianos maduros deben ayudar a que otros cristianos se desarrollen y maduren.

vez en un constante flujo de renovación: Los cristianos maduros deben ayudar a que otros cristianos se desarrollen y maduren.

A diferencia de las personas que envejecen y finalmente mueren, las organizaciones tienen la capacidad de fortalecerse ellas mismas, para infundir energía y nueva vitalidad, y continuar el crecimiento a través de innumerables etapas. Lamentablemente, las organizaciones también pueden ser como las personas, volverse rígidas con el tiempo, mirando atrás en vez de avanzar, y así es como muchas veces se pierden de vista las fuentes de vitalidad para un nuevo crecimiento. Cuando una organización alcanza su máximo potencial podría detenerse y comenzar a experimentar la disminución en su crecimiento. Si la declinación no se detiene y se revierte, la organización puede morir.

A veces vemos que esto sucede en las congregaciones donde el promedio de la edad de los miembros es bastante mayor que el de la comunidad que servimos. Llegado a un punto, las congregaciones dejan de crecer, y muy pocas personas vienen para fortalecer la iglesia con una visión nueva.

Creo que la clave por la que fracasan está en el proceso que llamamos «ir», que cambia el enfoque interno a un enfoque externo.

Cada iglesia necesita una vida renovada, y como no podemos detener o cambiar el proceso de envejecimiento de las personas que asisten a la iglesia, la única manera de ver una vida renovada en la iglesia es a través de personas nuevas y una visión renovada.

Aunque hay excepciones, la mayoría de las iglesias no experimentarán un flujo regular de visitantes si no hay un esfuerzo intencionado de salir y extender una invitación. Conforme las nuevas personas se añaden a la congregación, la iglesia debe invertir en ellas y darles capacitación. Las iglesias que no dedican recursos a los nuevos ministerios por lo general pierden a las personas nuevas de quienes depende el futuro.

A muchos que no asisten a la iglesia les gustaría desarrollar una relación sincera con algún cristiano. Más de 17 millones de personas aceptarían a Cristo si se les presentara el evangelio. Cerca de 43 millones están cerca. El Dr. Thom Rainer sin vacilar afirma: «Estoy convencido de que la respuesta a los interrogantes que nos inquietan respecto a la iglesia en los Estados Unidos es muy sencilla. Los cristianos se han vuelto desobedientes y holgazanes. Pensamos que invertir nuestra vida en la vida de quienes no son parte de la iglesia es una tarea difícil e inconveniente. El silencio de los cristianos puede ser una de las grandes tragedias en la iglesia hoy».[25]

EVANGELISMO RELACIONAL

Entonces, ¿cuál es el secreto? ¿Tener más misiones de corto plazo? ¿Tener más misiones de largo plazo? La respuesta es sencilla, pero difícil. Aunque las misiones a nivel mundial es un componente central de *ir*, muchas iglesias aparentemente han optado por un evangelismo de complacencia o hacer la obra misionera en otros continentes en vez del medio más necesario y eficaz de ir a todo el mundo: el evangelismo relacional. No es que necesitemos lo uno o lo otro; ¡necesitamos ambos!

Necesitamos entender lo que significa el evangelismo relacional, a qué se asemeja y cómo realizarlo. A menudo estamos dispuestos a hacer evangelismo de segunda mano, lo cual significa que hablaremos a cualquiera acerca de Jesús siempre y cuando no lo veamos otra vez, pero vacilamos en hablar de Cristo a aquellas personas que veremos otra vez. Estamos dispuestos a viajar al extranjero o al centro de la ciudad y entregar tratados o hablar con las personas porque después de salir de ese ambiente, lo más probable es que no volveremos a verlas. Nuestros vecinos son otra historia.

La mayoría de nosotros no estamos dispuestos a compartir con aquellos más cercanos porque los veremos de nuevo y posiblemente esto nos avergüenza. Además, no estamos dispuestos a desarrollar una relación con las personas antes de testificarles. Queremos testificar al principio del establecimiento de una relación, sin embargo, el testimonio eficaz resulta más efectivo una vez que se ha establecido la relación.

Debemos estar dispuestos a compartir de Jesús en el contexto de una relación, y este es un nuevo paradigma para muchos. Noventa y cinco por ciento de las iglesias nunca han entendido cómo hacer esto aunque la estadística indica que 99 por ciento de todas las personas que conocen a Jesús son salvas porque alguien las alcanzó personalmente. Sin embargo, todavía ignoramos estos hechos, y pensamos que podemos alcanzar a los perdidos sin establecer una relación personal con ellos.

Queremos hablar de Jesús sin riesgos, sin «ensuciarnos». Queremos enviar dinero alrededor del mundo para que otros lo hagan por nosotros, e incluso algunos de nosotros iremos personalmente si no hay algún compromiso adjunto y si no hay gran riesgo personal. Testificar a nuestros vecinos o compañeros de trabajo es una dinámica completamente diferente porque siempre hay un riesgo y requiere que seamos responsables de nuestras acciones diarias.

Desarrollar primero una relación con los perdidos antes de compartir con ellos las buenas nuevas es un gran cambio. Debemos entender que antes de hablar de Jesús debemos ganarnos el derecho de hacerlo.

> Debemos entender que antes de hablar de Jesús debemos ganarnos el derecho de hacerlo.

Este cambio va a la par con el concepto del sacerdocio de todos los creyentes, porque nuestras iglesias no crecerán porque enviamos misioneros a otros países. Ellas crecerán cuando los miembros aprendan que es su responsabilidad invitar a la iglesia a los que conocen en su vida diaria.

Parte del problema es que le hemos enseñado a las personas a mantenerse alejadas del mundo. Esa mentalidad conservadora nos mueve a pasar todo nuestro tiempo con otros cristianos para no contaminarnos con las personas del mundo. Hemos adoptado una postura defensiva en vez de ofensiva, en parte por esa mentalidad conservadora y en parte porque tememos ofender, y que nos rechacen.

Afirmamos que la presencia de Dios se manifiesta cuando nos reunimos en la iglesia, pero olvidamos que somos templo del Dios vivo, que llevamos su presencia con nosotros doquiera que vamos. La presencia de Dios no se limita al edificio donde nos reunimos. Cuando entramos a un edificio lleno de oficinas que ocupan personas que no asisten a la iglesia, nosotros somos los portadores de la presencia de Dios a ese lugar.

Los *edificios* no pueden hablar de Cristo a las personas. Cristo no es un edificio. Cristo está con sus sacerdotes, cada uno de nosotros que llevamos su nombre.

MOTORES PARA LA NUEVA VIDA

¿Acaso significa esto que el evangelismo no debe hacerse en el edificio de la iglesia? No, claro que no, esto simplemente significa que muchos de los que están en el edificio esperan que los inconversos entren al edificio, donde el pastor hará la obra de evangelismo.

Las encuestas de afiliación a la iglesia testifican de la importancia del ministerio laico. Casi 70 por ciento de los que asisten por primera vez a la iglesia lo hacen en respuesta a una invitación personal. Imagine lo que sucedería si cada persona en su iglesia invitara a alguien para la reunión del domingo. La investigación del Dr. Thom Rainer informa que «82 por ciento de los que no asisten a la iglesia probablemente vendrían si se los invita. Solamente 21 por ciento de los que asisten a la iglesia activamente invitan a otra persona en el curso de un año. Solamente 2 por ciento de los miembros de la iglesia invitan a una persona sin iglesia para que asista con ellos».[26]

Los planes estratégicos para traer personas a la iglesia darán resultado sólo si nos esforzamos para tratar el problema del evangelismo relacional. Si no hay un esfuerzo de nuestra parte, los programas y las iniciativas serán infructuosos.

Aunque esto no quiere decir que no debamos hacer planes para traer a los inconversos a nuestras iglesias, sí indica que la carga del ministerio no es responsabilidad solamente del pastor, sino de cada creyente. Cuando las personas de su iglesia capten este cambio de paradigma, usted podrá comenzar a implementar métodos para que sus reuniones fomente una atmósfera acogedora y cálida donde los creyentes puedan ministrar el evangelio.

Llamamos «motores» al esfuerzo que con mayor éxito atrae a las personas a la iglesia. Los métodos más efectivos para atraer a las personas abarcan tres categorías: amigos, vecinos, y fortalezas.

Primero, consideremos a sus amigos. El mejor lugar para encontrar a los inconversos es entre las personas que ya se conectan diariamente con los miembros de su congregación. Las iglesias exitosas y prósperas tienen muchas personas, no solamente el personal de ministerio, que sienten la responsabilidad de invitar a sus amigos a la iglesia. Como hemos mencionado anteriormente, muchas personas quieren venir a la iglesia pero simplemente esperan que alguien los invite.

Debemos procurar que nuestras congregaciones comprendan que ganar nuevas personas *no* es la responsabilidad del pastor. Los pastores no reciben un sueldo para alcanzar a nuevas personas; se les paga para que sirvan como pastor a los que vienen. Esto no significa que los pastores no puedan alcanzar a los perdidos también. Si queremos que más personas en la iglesia participen en el evangelismo, debemos compartir las historias de cómo *estamos* alcanzando a quienes no conocen a Cristo.

> Debemos procurar que nuestras congregaciones comprendan que ganar nuevas personas *no* es la responsabilidad del pastor.

Un líder de la iglesia en Canadá hizo algunos comentarios que me gustaron mucho. Él le pidió a sus pastores que le dieran el nombre de cinco no cristianos con quienes conversaban y procuraban mantener una relación. Entonces él dijo: «Podemos dirigir ya sea desde el púlpito o desde las calles».

Es nuestra labor como pastores y líderes enseñar y hacer discípulos de las personas en nuestras iglesias, y capacitarlas para el ministerio. Debemos comunicar a cada uno que como creyentes en Cristo deben ir a todo el mundo y establecer una relación con el herido, el oprimido, y el enfermo para que reciban ayuda y sanidad. Recuerde esto: la iglesia no es el edificio; las personas dentro del edificio son la iglesia.

Hay muchas maneras de facilitar que los miembros inviten a sus amigos, como actividades especiales e iniciativas de hospitalidad. Todo lo que se haga debe tener como fundamento central un evangelismo relacional activo e intencionado, como parte del ADN de la iglesia.

El segundo motor es identificar a los «vecinos» de su iglesia. Cuando busca personas para amar, ¿por qué no mira a la «casa vecina»? Hay muchas personas en su entorno geográfico; ellas conducen o caminan alrededor de la iglesia cada día.

No limite su manera de llegar a su vecindario o de ir puerta a puerta. El servicio que prestamos a la comunidad es un testimonio poderoso para quienes necesitan conocer a Dios. Santiago nos exhorta que mostremos nuestra fe por nuestras obras, y trabajar en la comunidad para atraer a los vecinos puede ser una manera excelente de tocar la vida de las personas que desesperadamente necesitan de Dios.

Esto se relaciona con el tercer motor, que tiene que ver con las fortalezas del ministerio de su iglesia a fin de buscar puntos de conexión con las personas que todavía no asisten a ella. Cada iglesia tiene fortalezas únicas y exclusivas, aunque algunas no sean obvias. Pregunte al personal de su ministerio y a los miembros de confianza que piensan que la iglesia hace bien, y después hágalo con toda eficiencia en el contexto de alcanzar a las personas y a quienes no asisten a la iglesia.

Si su iglesia se destaca en el ministerio de la música, podría realizar un concierto en algún parque local. Cocine algunas hamburguesas y salchichas, distribuya bebidas frescas, y ofrezca excelente música. Pida a la banda que interprete algunas canciones que todos conozcan, y luego presente canciones de adoración a Dios. Usted puede amenizar una cálida noche de verano con algunas melodías y un refresco.

Quizás su iglesia cuenta con un grupo de personas creativas. Póngalos a trabajar en una exhibición de arte o películas o que atraiga a personas que también sean creativas y les guste el arte. No hay límite para las cosas creativas que las personas pueden producir cuando la tarea es hacer nuevos amigos.

Es probable que en su iglesia haya varones aficionados a la mecánica de automóviles. Considere tener un día para dar mantenimiento y reparación del vehículo de las madres solteras de la congregación y sus alrededores. Mientras los varones trabajan en el mantenimiento, las damas de la iglesia pueden ofrecer a las madres un lugar donde los niños puedan jugar, mientras ellas disfrutan un refrigerio y una amena plática con otras madres de la iglesia. Descubra las necesidades de estas madres solteras y determine lo que su iglesia puede hacer para ayudarlas.

Sobre todo, debemos animar a las personas en nuestras iglesias a vencer el temor al rechazo y a acercarse a las personas a nivel personal y relacional, porque el ministerio verdadero sucede en el contexto de una relación.

USE SUS FORTALEZAS CUALESQUIERA QUE SEAN

Uno de nuestros coordinadores de Hechos 2 relata una historia de cuando hubo una lluvia de ideas en una sala llena de pastores y sus equipos acerca de los recursos o fortalezas de su iglesia. Él notó que una iglesia pequeña no participaba plenamente en la conversación, y, al final, todos habían compartido menos el pastor de esta iglesia pequeña. El pastor tendría unos sesenta años de edad y así también todos en ese grupo de líderes y tal vez algunos eran mayores. Finalmente, se dirigió directamente a este grupo y les preguntó: «¿Y qué de ustedes? ¿Cuáles son sus fortalezas o en qué se destacan?»

Ellos guardaron silencio por un momento, y el coordinador comenzó a sentirse incómodo por haberles preguntado, pero después de una breve pausa, la esposa del pastor dijo, «¡Funerales!»

Naturalmente todos en la sala se rieron, y el coordinador pidió que ella explicara.

«Bien», dijo ella, «cuando celebramos funerales, las mujeres cocinan una cena deliciosa para los deudos. Los alimentos que preparan para la familia ¡son riquísimos! Y aunque la mayoría de nuestros varones no tienen un traje formal, ellos visten lo mejor que tienen y cumplen un excelente trabajo al acompañar y mostrar amor a la familia que sufre la pérdida del ser amado». Ella miró a su esposo, posiblemente para ver si continuaba o no, y dijo: «Mi esposo es un buen predicador los domingos, pero en los funerales ¡es increíble!»

Su esposo se acomodó en la silla, algo avergonzado de que los funerales fueran su mayor fortaleza, sin embargo asintió con la cabeza lo que sabía era cierto. Antes de que el coordinador pudiera decir algo más, la esposa del pastor dijo: «¡Yo sé lo que podemos hacer! Podemos llamar a la casa funeraria local y decirles que cada vez que una familia sufra la pérdida de un ser querido y que no tenga una iglesia que los ayude, *nosotros* los ayudaremos! ¡Esta puede ser una excelente manera de alcanzar a las personas! Las mujeres de nuestra iglesia pueden cocinar, los varones pueden servir como acomodadores, y mi esposo puede predicar su mensaje maravilloso y ministrar a las personas que sufren».

Así que esa casa funeraria hizo tal vez una docena de esos funerales al año, y de esta manera la iglesia ayudó a las familias por lo menos una vez al mes. Salieron de la habitación emocionados sabiendo que tenían una estrategia donde podían utilizar sus dones para ir más allá de los muros de su iglesia y esto le dio un enfoque exterior de alcance.

SERVICIO DE ALIMENTOS

Quizás la fortaleza de su iglesia no sean los funerales, pero sí tiene una fortaleza. No permita que el tamaño lo intimide. Aunque sea pequeña, su iglesia puede tener una gran presencia en su comunidad debido a que los principios que Dios estableció para la iglesia nada tienen que ver con el tamaño. Me gusta oír historias de cómo las personas y las iglesias marcan la diferencia en sus comunidades y ven nuevos conversos, porque la función de «ir» no es sólo para las iglesias grandes con mejores finanzas.

David Campbell es el pastor de una iglesia pequeña en Timbo, Arkansas, un pueblo que tiene menos de 100 habitantes. La última vez que visité la iglesia, 117 personas estuvieron presentes para el servicio, pero lo que me gusta de ellos no tiene nada que ver con la cantidad. Aunque su iglesia ofrenda fielmente y con sacrificio para las misiones, ellos tienen una pasión por el evangelismo relacional y el enfoque externo que encuentro verdaderamente inspirador.

Una vez un tornado destruyó su pequeña ciudad e interrumpió el servicio de energía eléctrica allí y en la ciudad más cercana de Mountain View. La tormenta devastó estas comunidades, y muchos quedaron sin vivienda y con la tarea de limpiar escombros, restaurar la energía eléctrica, e incluso preparar los alimentos.

Cuatro días después del tornado, David y unos pocos hombres de su iglesia fueron a la ciudad de Mountain View para ver cómo podían ayudar. Llegaron justamente cuando el equipo de socorro empacaba su unidad móvil en el estacionamiento de un almacén local. Cuando David preguntó por qué se iban si precisamente entonces empezaban las necesidades, el obrero del equipo de socorro dijo: «Somos sólo un equipo de socorro. Nos quedamos cuatro días en un lugar y después nos vamos».

David y sus acompañantes exploraron las necesidades de esa comunidad y decidieron hacer todo lo posible para ayudar. Llevaron al estacionamiento un viejo asador, y él y sus hombres comenzaron a cocinar. Alguien les dio una parrilla, y la tienda de comestibles les proveyó de alimentos que ya no podían vender porque no estaban refrigerados. David y sus colaboradores alimentaron a muchas personas y cocinaron hasta pasada la medianoche. Si alguien venía y tenía hambre, se levantaban y cocinaban, a cualquier hora del día o de la noche.

David puso una camilla y durmió en el estacionamiento durante seis días y noches, sirviendo aproximadamente mil quinientas comidas al día y estuvo dispuesto a trabajar las 24 horas del día. Me dijo que a veces ellos no sabían de dónde venían los alimentos, pero cuando se iba acabando, las personas llegaban con más alimentos sacados de sus congeladoras inservibles por falta de energía eléctrica. Ellos cocinaron todo lo que les traían, fuera salmón o salchichas.

Mientras David y su equipo servían alimentos a las personas de Mountain View, otros comenzaron a ayudar, y el ministerio de alimentación creó relaciones increíbles entre las personas de estas comunidades y la iglesia. Esto tuvo un acceso sin precedente a las personas que normalmente nunca hubieran entrado a una iglesia, entre ellos, los fabricantes de metanfetamina que salieron del bosque para recibir ayuda.

Dios tocó a uno de estos hombres que tenían un laboratorio de metanfetamina en el monte. Este hombre fue salvo y cambió la fabricación de metanfetamina por un ministerio en la prisión, donde alcanzó a otros que antes le habían comprado drogas.

David vio cómo Dios mostró su bondad y amor no solamente a las personas de esos pueblos mientras él y sus hombres los alimentaban y les ayudaban de maneras prácticas. La iglesia de David vio también el impacto de todas esas vidas que fueron tocadas.

Un pastor amigo de David, Bob Caldwell, compartió conmigo lo que Dios estaba haciendo también en su comunidad. Once años antes de que habláramos, Dios le había mostrado un pasaje bíblico, Mateo 25, donde Jesús dice que tuvo hambre, sed y estuvo desnudo, y que algunos le dieron de comer y lo vistieron, pero otros no lo hicieron.

En ese tiempo, la iglesia de Bob solo contaba con unas pocas familias, pero Bob desafió a cada hogar para que donara un dólar diario para comenzar un ministerio de provisión de alimentos. Treinta personas se comprometieron a dar un dólar diario, y comenzó su banco de alimentos con novecientos dólares. Debido a que es una comunidad muy unida, una iglesia bautista local donó otros quinientos dólares, y con estos fondos, comenzaron la alimentación de las personas. Con el paso de los años, experimentaron problemas porque debían aprender cómo administrar un ministerio de alimentos, pero sobrevivieron. Tres años después de haber comenzado, Diane Sawyer trajo un equipo de filmación del canal ABC y realizó un reportaje de cómo ellos alimentaban a dos mil personas al mes en una ciudad de cuatrocientas personas.

Bob ahora tiene otras treinta fuentes similares a la que fundó su iglesia en el principio, y alimentan a ocho mil personas al mes que de otra manera sufrirían de hambre. Debido a su obra en la comunidad y la confianza y la relación que este servicio ha fomentado, su iglesia planea comenzar reuniones múltiples.

El hijo de Bob, Josh, estaba predicando en uno de los pueblos vecinos cuando un joven al que llamaban Bubba se acercó y le dijo: «Conocí solamente a otro Caldwell en mi vida. Cuando tenía nueve años de edad, vino a nuestra casa para visitar a mi papa y le dio una caja de alimentos. ¿Conoces a esa persona?»

«Ese fue mi padre», respondió Josh.

Entonces Bubba compartió con él la historia de cómo el pastor Caldwell conoció a su familia. Un día, un hombre se acercó a la puerta, era un predicador, que invitaba a la gente para ir a la iglesia. «Mi nombre es hermano Caldwell», decía al presentarse, «y quiero invitarlo para que visite nuestra iglesia el domingo próximo».

Bubba dijo que su padre, James, no aceptó la invitación. Él respondió: «¡No nos moleste!» Sé que solamente está tratando de cumplir con su trabajo al invitarnos a la iglesia, pero no estoy interesado. Yo y «el de arriba» no tenemos una buena relación. No estoy interesado. No me moleste más.

Cuando el pastor se retiraba, notó que ellos estaban comiendo palomitas de maíz. El pastor le dijo a James: «Es algo temprano para estar comiendo una merienda, ¿verdad?» Mi padre replicó: «No es un merienda. Esto es lo que ha comido mi familia estas últimas tres semanas». El hermano Caldwell se fue y le contó a su esposa el incidente. Ellos se sintieron tan conmovidos por la necesidad de esta familia que tomaron el dinero de sus comestibles y compraron una caja de alimentos para llevar a la familia. Cuando llamaron a la puerta, James abrió la puerta y habló malhumorado: «Ya le dije que no quiero que me moleste». El pastor Caldwell dijo: «Noté que no tiene mucho para comer. Mi esposa y yo hemos decidido que si mis hijos tienen algo que comer, queremos que sus hijos también lo tengan. Si acepta esta caja de alimentos, es suya». En ese momento mi padre comenzó a llorar y dijo: «¿A qué hora comienza la reunión mañana?». Ellos asistieron los siguientes dos domingos, y en el segundo domingo, toda la familia paso al altar y fue salva.

Me encanta esta historia porque fácilmente nos preocupamos de tener una visión de un ministerio bien desarrollado, pero cuando escuchamos como comenzó un ministerio de alimentación como el de Bob Caldwell, recordamos el valor de las pequeñas cosas que hacemos para mostrar el amor de Cristo al mundo necesitado. La naturaleza del llamado en la vida de Bob no ha cambiado, él todavía alimenta a las personas necesitadas, pero ese ministerio comenzó con una pequeña y humilde acción.

Ni su iglesia ni su visión tienen que ser grandes para que sus acciones lleguen a las personas que lo rodean.

No debemos esperar que las personas vengan a nuestra iglesia para conocer a Jesús; debemos salir y mostrar la vida de Cristo a los que están afuera.

OPORTUNIDADES PARA ENSEÑAR LA VERDAD

Cada iglesia tiene su fortaleza. Hay algo que su iglesia puede hacer para cambiar su enfoque hacia afuera, como los funerales o cocinar. Los conciertos, las reuniones, la distribución de alimento y ropa, y otros actividades especiales son medios maravillosos para conectarnos con las personas.

¡También lo es la enseñanza de la verdad! Entonces, ¿qué podemos hacer para que otras personas quieran oír la verdad? En sencillas palabras: supla sus necesidades.

Los reuniones para matrimonios y talleres para padres ofrecen ayuda incalculable para las familias que están luchando por salir adelante. Muchas personas nunca han visto un buen modelo que imitar, ni han oído cómo tener un buen matrimonio y criar a los hijos desde una perspectiva bíblica.

Los seminarios sobre el manejo de las finanzas pueden ofrecer la sabiduría que una comunidad llena de deudas necesita. Los ministerios de consejería pueden ofrecer esperanza cuando la vida se vuelve difícil de manejar. Si su iglesia es una comunidad étnicamente diversa, las clases para la enseñanza de inglés pueden ayudar a animar e inspirar a las personas. Los grupos de recuperación para los adictos o quienes han sufrido abuso pueden hacer de su iglesia un lugar ideal para las personas heridas.

Muchas iglesias con maestros excelentes limitan sus dones a la congregación. Es probable que algunos maestros de la escuela dominical o ministros de los niños nunca hayan usado sus dones de ministerio fuera de la iglesia, de manera que debemos ayudarlos a llevar sus dones fuera de las paredes de la iglesia. Los líderes dentro de la iglesia pueden ser excelentes mentores en un centro cristiano para jóvenes, o en campamentos de deportes para niños. Las escuelas primarias necesitan ayudantes en las aulas y los padres siempre necesitan un lugar seguro y saludable donde cuiden a sus hijos cuando quieren disfrutar de una «noche de salida». Cuando invierte en los niños, invierte en el futuro de muchas maneras más que la simple asistencia a la iglesia.

¡La lista de oportunidades es interminable y está limitada sólo por su imaginación! Cuando sirva a otros, encontrará nuevos amigos, y estas personas constituirán la vida de su iglesia en el futuro.

LA META

La meta en todo esto es extender el amor y la amistad a los que están fuera de la iglesia, ¡es desarrollar relaciones! El secreto está en que usemos nuestras fortalezas, nuestra ubicación geográfica, y nuestro círculo de amigos para hacer nuevos amigos y establecer conexiones. Cada iglesia tiene alguna combinación de estos elementos, incluso las iglesias que «¡solamente son buenas para los funerales!»

No deje que las excusas le impidan explorar sus oportunidades. Una congregación que ha envejecido tal vez haya perdido la energía para el servicio a la comunidad y quizás no participe de la tecnología o la música más moderna, pero es muy posible que sean mejores que ninguna otra para expresar amor. Como padres y abuelos, tienen la mayor experiencia y han pasado por las dificultades propias de la vida, de manera que pueden responder con empatía y sana sabiduría.

Cada iglesia tiene al menos un área en la que muestra fortaleza.

Recuerde que la gente vino a Jesús por su poder para sanar, la claridad de su enseñanza, y su amor y compasión. Por estas razones y muchas más, las personas *corrieron* a Jesús, y todavía lo hacen. Debemos buscar maneras de fortalecer, enseñar, discipular, y mostrar amor y compasión a las personas que necesitan ver a Jesús en nuestra vida. Sin embargo, no verán a Cristo ¡a menos que nos acerquemos a ellos!

Si examinamos nuestras iglesias, descubriremos un ADN de evangelismo único para cada uno. Cuando lo hacemos, debemos enfocar una meta: las personas fuera de nuestra congregación. Podemos perder mucha energía tratando de solucionar nuestras debilidades, lo cual es agotador y frustrante. Sin embargo, cuando ponemos todo nuestro esfuerzo en nuestras fortalezas, descubrimos que tenemos la energía que no habíamos descubierto.

Una iglesia cuyos miembros han envejecido no está destinada a perder su conexión e impacto; ella simplemente necesita una renovación. No basta con criar a una nueva generación de jóvenes en una iglesia; hay una brecha demasiado amplia entre las generaciones. Una vida nueva requiere nuevas personas, y la conexión que establezcamos con ellos requerirá que vayamos a todo el mundo y le mostremos el amor de Cristo.

Puede ser útil indagar qué impresiones objetivas tienen de nuestra iglesia las personas de la comunidad. Procure, con toda diplomacia, informarse de la razón que alguien visitó la iglesia, y cuando sea posible y aunque sea difícil, pregúntese por qué los visitantes no se quedan. Estas pueden ser las respuestas difíciles de escuchar, pero de nada nos servirá esconder la cabeza en la arena. Debemos hacer preguntas difíciles y estar dispuestos a aceptar las respuestas si queremos iniciar un cambio que dure.

Ir alude a los programas de misiones y los esfuerzos fuera del país. Es todo lo que hacemos para llegar a los pueblos no alcanzados alrededor del mundo. De hecho, si su iglesia no está ofrendando para el evangelismo a nivel mundial, dudo que cualquier otra cosa de lo que he escrito sea eficaz. Debemos ayudar a los misioneros para que vayan a lugares donde no se conoce el nombre de Cristo, pero también debemos ayudar a los obreros de nuestra iglesia para que alcancen a los que están más cerca, en el vecindario y en la ciudad.

ENFOQUE EXTERNO

Posiblemente todos conocemos la historia de la mujer junto al pozo, en Juan 4. Jesús tuvo una conversación con la mujer samaritana, y hubo muchas razones de que esa conversación nunca hubiera sucedido. Jesús era judío; ella era samaritana. Él era el Hijo de Dios; ella estaba viviendo en pecado.

Sin embargo, la historia verdadera es posiblemente lo que sucedió después de la conversación con Jesús. Leemos en el texto que los discípulos no fueron testigos de esa conversación porque habían ido a la ciudad a comprar alimentos. Cuando regresaron, vieron que Jesús conversaba con la mujer, pero nadie le preguntó qué conversaba con ella. El hecho de que ninguno de los discípulos dijera algo, me resulta increíble porque se suponía que Jesús no debía conversar con una mujer samaritana.

Sin embargo, nadie preguntó acerca de la conversación. ¿Por qué no? La respuesta es sencilla: en sus pensamiento había algo más... el *almuerzo*.

Los discípulos ofrecieron a Jesús algo de comer, pero él estaba enfocado todavía en lo que había sucedido. Jesús les habló de la cosecha, no se trataba de algo futuro, sino de aquello que estaba delante de ellos.

Jesús les dijo que el reino de Dios había pasado junto a ellos cuando la mujer iba de regreso a la ciudad, y ellos no le entendieron porque estaban enfocados en el almuerzo.

Nosotros nos enfrentamos con este desafío cada día. Debemos tener cuidado que por poner nuestra mirada en una meta tan distante perdamos de vista lo que está frente a nosotros. No debemos dejar que nuestro enfoque en las misiones en el extranjero o lo que haremos el año próximo nos haga perder de vista a quienes nos rodean y que necesitan nuestra ayuda hoy.

Dios quiere que alcancemos a las «mujeres en el pozo» que tenemos cerca. Esta es una definición del enfoque externo, levantar nuestra mirada de la meta distante a fin de percibir a las personas a nuestro alrededor, cerca y lejos.

Este es el verdadero significado de «ir».

16 ADORAR

En Hechos 2, Lucas tiene relativamente poco que decir acerca de la música y los cantos en la alabanza, pero si habla copiosamente de cómo el creyente debe tener un estilo de vida de adoración. «Adoraban juntos en el templo cada día, se reunían en casas para la Cena del Señor y compartían sus comidas con gran gozo y generosidad, todo el tiempo alabando a Dios y disfrutando de la buena voluntad de toda la gente. Y cada día el Señor agregaba a esa comunidad cristiana los que iban siendo salvos» (Hch 2:46-47, NTV).

Ellos adoraban juntos en el templo diariamente, y vivían en el poder del Espíritu, adorando a Dios cada día. ¿El resultado? Un crecimiento diario. Dios estableció su iglesia mientras los cristianos lo adoraban.

Cuando hablamos de la «adoración», la mayoría de los pastores y muchos de los que asisten a la iglesia automáticamente piensan en los cantos y en la música. Aunque estos son elementos de adoración, solamente expresan un aspecto de algo que es mucho más grande que los cantos de adoración más populares en la música cristiana.

El término *adoración* en realidad proviene del latín «adoratio». Para nosotros, significa vivir de una manera que muestre que amamos a Dios por sobre todas las cosas. Él es digno de nuestro amor, nuestra lealtad, nuestro esfuerzo, y nuestro denuedo, en todo lo que hacemos cada día, y no solamente una hora los domingos por la mañana.

La adoración no es un evento. Es un estilo de vida.

Las muchas cosas que hacemos para honrar a Dios, como entonar canciones llenas de significado, orar, dar, servir, son simplemente expresiones de adoración, y nos impulsan a preguntarnos qué es la adoración en su forma más elemental. El Diccionario de la Real Academia Española lo define como «reverenciar con sumo honor y respeto a un ser, considerándolo como cosa divina». Wikipedia lo define como «amar al extremo». La alabanza no se refiere tanto a las expresiones que usamos sino más bien al corazón del que las expresa y a quien ofrecemos nuestro exuberante amor y plena sumisión.

Este libro no tiene por objeto tratar minuciosamente acerca de la naturaleza de Dios o por qué Él merece nuestra adoración, pero David con elocuencia habló de la adoración cuando escribió: «Póstrense ante el Señor en la majestad de su santuario; ¡tiemble delante de él toda la tierra!» (Sal. 96:9). Con una sencilla palabra, adoramos a Dios porque Él es *santo*. Nuestra adoración es el resultado directo de servir a un Dios santo, y aunque pueda asumir muchas formas, la adoración es ofrendar un corazón sincero a un Dios incomparable.

Al citar una vez más a David, nuestra adoración es el hambre y la sed de un alma que anhela volver a Aquel que la creó:

Oh Dios, tú eres mi Dios;
yo te busco intensamente.
Mi alma tiene sed de ti;
todo mi ser te anhela,
cual tierra seca, extenuada y sedienta.
Te he visto en el santuario
y he contemplado tu poder y tu gloria.
Tu amor es mejor que la vida;
por eso mis labios te alabarán.
Te bendeciré mientras viva,
y alzando mis manos te invocaré.

Mi alma quedará satisfecha
como de un suculento banquete,
y con labios jubilosos
te alabará mi boca (Sal. 63:1–5).

La adoración es la expresión de nuestro corazón cuando glorificamos a Dios en su santidad.

LA ADORACIÓN EN CONTEXTO

La iglesia ha pasado por muchas fases, y en años recientes, nos hemos enfocado en la adoración musical y la celebración. En cierto modo, esto ha sido bueno. Sin embargo, por habernos enfocado mayormente en la música, hemos descuidado el evangelismo y el discipulado. El grupo musical Hillsong ha influido de manera extraordinaria en la adoración musical convencional, y al convertirse esto en el enfoque y énfasis, muchas iglesias han perdido la visión de la iglesia misional y el crecimientos que resulta de hacer discípulos.

Con el énfasis de una experiencia de adoración emocional, nos preguntamos por qué estamos produciendo discípulos que son espiritualmente superficiales y que viven de las emociones en vez de la Palabra. Cuando hace esta pregunta, el promedio de quienes asisten a la iglesia dice que la reunión del domingo por la mañana es la fuente principal del discipulado, y muchas iglesias dan más tiempo a la alabanza y la adoración que a la predicación o enseñanza de la Biblia. En resumen, no hay equilibrio entre las actividades, y nuestras estadísticas de evangelismo y discipulado lo reflejan claramente.

Alabar a Dios a través de la música es algo maravilloso, pero la música no es la única expresión de adoración. Los cinco ministerios o funciones que Cristo dio a la iglesia del primer siglo no son una selección múltiple, no podemos escoger adorar en vez de todo lo demás.

Uno de los integrantes del equipo Hechos 2, visitó recientemente una iglesia en California que dirige un pastor cuyo hijo
es integrante de un reconocido grupo musical en estas últimas
décadas. Él se sorprendió de que el tiempo asignado a la adoración fuera solamente diez minutos, de manera que le preguntó el
porqué al pastor.

«No puedo competir con mis hijos», respondió el pastor.
«No puedo comprar suficientes luces o echar humo. No tengo lo
suficiente para dar un concierto. Sin embargo, el propósito de la
iglesia no es ofrecer un concierto».

El reveló que la generación moderna de su iglesia tiene más
hambre de la Palabra de Dios, y piensa que el tiempo de la música
no debe ser demasiado largo. «Ellos dicen que pueden cantar en
todas partes y todo el día», dijo el pastor, «pero que el discipulado,
la oración con otros creyentes, o la enseñanza personalizada la
reciben solamente durante la reunión».

«Más que ser tocados emocionalmente por la música», pro-
siguió, «ellos quieren salir del templo con conocimiento de la
Palabra de Dios».

Esta iglesia, que dio a luz a un artista musical extraordinario,
tiene un breve tiempo de alabanza con cantos, pero un tiempo
de oración de casi quince minutos en cada reunión. Los jóvenes
de veinte años ocupan los asientos e incluso los pasillos, y con
entusiasmo toman notas del mensaje en cuadernos, en tabletas o
celulares que iluminan el santuario.

En esta iglesia, el énfasis en la adoración a través de la música
es una etapa que se ha superado, y se ha vuelto al énfasis en la
oración y el discipulado, que por mucho tiempo había perdido su
importancia.

No escribo de esto para enfatizar la negatividad de las reuniones con extenso tiempo de alabanza musical o para decir
que la adoración a Dios con canciones no es maravillosa. Me
refiero a que por décadas nuestras iglesias han estado en medio
de una moda musical, y la evidencia muestra que hemos restado

la atención adecuada a la labor de hacer discípulos que a su vez hacen discípulos.

¿Cómo podemos tener una iglesia saludable sin una sana perspectiva de la adoración en todas sus expresiones? La perspectiva saludable proviene cuando consideramos la adoración (especialmente la adoración a través de la música) dentro del contexto mayor de los demás ministerios o funciones de la iglesia. La música es simplemente una forma de adoración, no es la expresión principal.

LA ADORACIÓN PARA LOS QUE NO PUEDEN CANTAR

Durante la conferencia Hechos 2, con frecuencia decimos que la iglesia debe centrarse en Dios y en «ellos», las personas fuera de nuestra iglesia con quienes debemos cultivar relaciones. Cuando nos enfocamos en nosotros, comenzamos a descuidar nuestra adoración a Dios, y nuestra responsabilidad para con «ellos», a quienes debemos alcanzar. Cuando primero buscamos el Reino, Dios cuidará de *nosotros*.

A medida que ayudamos a los pastores en el proceso Hechos 2, descubrimos que muchas personas están buscando mejores respuestas. He mencionado antes que el problema es que no necesitamos mejores respuestas; necesitamos hacer mejores preguntas. No recibiremos las respuestas que necesitamos si nuestras preguntas se centran en «nosotros».

Muchas iglesias se preguntan, «¿qué clase de música puede ayudarnos a crecer?» o «¿cómo podemos complacer a todos?» Cuando cambiamos el enfoque a lo externo y nos preguntamos: «¿cómo podemos adorar a Dios de una manera plena?» o «¿cómo podemos mostrar el amor de Dios a los que lo necesitan?» Las respuestas son más sencillas y más poderosas para la iglesia.

He aquí un ejemplo de una mejor pregunta: ¿Qué hace usted con las personas de su iglesia que no cantan? ¿Qué hace esa persona cuando es tiempo de la música?

Un amigo nos cuenta una experiencia en su iglesia con uno de los jóvenes. Éste se comportaba reverente, pero no cantaba con los demás durante el tiempo de la adoración. Este joven le dijo a mi amigo que a él no le importaba todo «lo demás», y que solamente había venido para escuchar la predicación. Esto realmente desafió a mi amigo con la interrogante de cómo ayudar a este joven para que participara en la adoración.

Esa pregunta generó algunas respuestas poderosas; una de ellas fue que mi amigo comenzó a ponerse de pie en algún momento oportuno durante el tiempo de la música para decirle a la congregación: «Hagamos una pausa en este momento. Quisiera que cada uno de nosotros complete esta oración: "Estoy tan feliz porque Dios es…."» Luego le propuso a la congregación que respondiera verbalmente, y como palomitas de maíz, las personas comenzaron a expresarse en voz alta.

Una persona dijo que estaba feliz que Dios es perdonador, otra que es misericordioso, y así continuaron. Después, el pastor dijo: «Dediquemos un minuto para dar gracias a Dios por aquello que nos hace sentir contentos. Háblele a Dios de esas cosas que lo hacen feliz».

Mientras buscaron respuestas como estas a la pregunta de cómo motivar a las personas que no participan en la alabanza, mi amigo se dedicó a observar al joven en la congregación. Él noto que en esos momentos, el joven hablaba con Dios de una manera significativa y profunda; él adoraba a Dios aunque no podía cantar. Él estaba cantando a Dios con el corazón, y ciertamente este es un profundo y significativo acto de adoración.

> La adoración incluye la música, sin embargo, podemos ofrecerla cada día además de la música.

La adoración es más que los diez, veinte, treinta, o cuántos sean los minutos que su iglesia dedica a la música. La adoración incluye la música, sin embargo, podemos ofrecerla cada día además de la música.

La adoración es cómo *vivimos*.

RENOVADOS MEDIANTE LA ORACIÓN

La adoración es un estilo de vida, pero en esta edad de énfasis en la adoración a través de la música, muchos han olvidado que la oración es una manera poderosa de adorar. Una de las mejores maneras que podemos conectarnos con las personas es conversando con ellas. A la acción de hablar con Dios, la llamamos «oración», una de las principales expresiones de la adoración.

La adoración es un medio de conexión con Dios, de alcanzar a nuestro Padre celestial para pedir que haga descender su gloria. El lenguaje que empleó David en que habló de hambre y sed, según el Salmo 63, es una expresión poética de la necesidad que todos tenemos de Dios. Esa necesidad es satisfecha a través de la relación, no a través de señales y prodigios o milagros o provisión, sino con una relación orgánica, real.

La oración de adoración no es como la demostración pública, extravagante de los fariseos que tenía como fin impresionar a las personas. Es urgente, es una apertura sincera de nuestro corazón a Dios, semejante a la que mostró el recaudador de impuestos en la parábola de Jesús que leemos en Lucas 18. Es una expresión del hambre de cada ser humano. Podemos encontrar una maravillosa libertad cuando adoramos a Dios a través de la oración, con hambre y sed de recibir una renovación en nuestra vida y más allá de las paredes de la iglesia.

Una vez alguien le preguntó al evangelista británico Gipsy Smith cómo se podía comenzar un avivamiento. Él respondió: «Si desea comenzar un avivamiento, vaya a su casa y consígase un pedazo de tiza. Enciérrese en su cuarto y dibuje un círculo en el piso. Arrodíllese ahí en medio del círculo y pida a Dios que comience un avivamiento dentro de los límites del círculo. Cuando Dios haya respondido a su petición, el avivamiento ha comenzado».

La investidura de poder comienza cuando buscamos con urgencia a Dios en oración de adoración.

LA ORACIÓN PREPARA SU CORAZÓN

Usted y yo no podemos crear un avivamiento, pero podemos orar por el poder del Espíritu. Podemos descubrir nuestra alma, simplemente hablando con Dios acerca de lo que nos preocupa, nos causa tristeza, y nos conmueve respecto a la condición de nuestra nación, nuestra ciudad, y nosotros mismos.

David oró: «Examíname, oh Dios, y sondea mi corazón; ponme a prueba y sondea mis pensamientos. Fíjate si voy por mal camino, y guíame por el camino eterno» (Sal. 139:23–24). Podemos prepararnos para recibir la capacitación personal del Espíritu haciendo preguntas acerca de la condición de nuestro corazón, y oyendo las respuestas verdaderas del Espíritu. Créalo o no, este tipo de examen del alma es una forma de adoración.

Examínese en que condición se encuentra respecto al pecado y el arrepentimiento, ¿siente arrepentimiento genuino de sus propios pecados y busca dar cuentas ante compañeros de confianza? ¿Puede aceptar la corrección de Dios cuando peca? ¿Hay personas que pueden decirle cuando está equivocado y acepta que lo enfrenten?

¿Cuánto tiempo dedica al estudio de la Palabra? ¿Se está alimentando de manera que tenga aceite espiritual durante tiempos de sequedad? ¿Qué puede decir de su tiempo de devoción personal? ¿Es constante en sus devociones y son ellas significativas?

¿Guarda rencor en su corazón? ¿Ha pedido perdón a los que ha causado mal? ¿Cuál es la condición de su corazón?

¿Qué revela su horario y su bolsillo acerca de sus prioridades? ¿Es Dios primero en su vida? ¿Es su relación con su familia su prioridad más cercana, o tiene compromisos de trabajo u otras distracciones que lo han desviado de su enfoque?

¿Y qué puede decir del fruto del Espíritu? ¿Hay evidencia constante de que su vida está produciendo fruto? ¿Está creciendo? ¿Está madurando como un discípulo de Cristo?

¿Sigue amando a Jesús como antes?

Podría citar un centenar de preguntas, pero el punto no es hacer una lista espiritual para que se sienta bien o se sienta culpable. El punto es que se anime a buscar con sinceridad las respuestas del Espíritu Santo, preparando su corazón para un nuevo mover de Dios.

Tarde o temprano, todos cometemos errores. Nos deslizamos, fracasamos y nos equivocamos; es nuestra naturaleza humana. Cuando esto sucede, hay una sola solución: la investidura del Espíritu. Debemos arrepentirnos para que seamos restaurados. Ninguno de nosotros nunca será perfecto, solamente Jesús fue perfecto, de manera que no necesitamos un sistema para promocionar la perfección sino uno que nos guíe rápidamente al Restaurador de manera que tengamos salud en cuerpo y alma.

Esta es la definición de adorar a Dios en oración y dejar que Él nos responda con palabras de vida que nos transformen y nos llenen de poder.

PREDICACIÓN PODEROSA

Otro elemento de la adoración es la predicación poderosa. Sin embargo, si no tenemos la fuente del poder del Espíritu, ¿cómo podemos proclamar un mensaje poderoso? Examine su corazón, ore por la investidura del Espíritu, y abra las puertas para que Dios use sus palabras como otra forma de adoración.

La predicación al estilo Hechos 2, ya sea a una congregación o a un grupo pequeño, o a una persona abrirá oportunidades para hacer discípulos. El discipulado que mostramos en nuestra vida

> La predicación al estilo Hechos 2, ya sea a una congregación o a un grupo pequeño, o a una persona abrirá oportunidades para hacer discípulos.

nos permite dirigir a los discípulos que se encuentran en diversas etapas en su propia experiencia de fe y animarlos a continuar en un camino espiritual fructífero. Podemos inspirar y capacitar con nuestras palabras, y ciertamente esta es una forma de adoración.

Desarrollamos relaciones con nuestras palabras. Podemos conectar a los creyentes con la visión futura que el Espíritu Santo desea revelar a su vida. Podemos ayudarlos a descubrir que cada seguidor de Cristo tiene alguna forma de llamado al ministerio. Podemos ofrecer un discipulado práctico mediante la intención de nuestras palabras, incitándolos a que examinen y afinen el rumbo de su vida diaria por el poder del Espíritu.

¿Suena como una tarea imposible? ¡Es una tarea imposible sin el poder del Espíritu! Sin la investidura del Espíritu, no podemos hacer todas estas cosas de manera consecuente y vivificante para otros. Sin embargo, cuando los pastores, los líderes de grupos pequeños, y los maestros de la escuela dominical son sensibles a la voz del Espíritu y adoran con sus palabras, tenemos la oportunidad de proclamar un mensaje de esperanza a las personas. Si las palabras de vida y esperanza que pronunciamos no son una manera de honrar a Dios, a quien amamos y a quien nos sometemos, entonces no sé cómo podríamos honrarlo.

MÚSICA INSPIRADA POR EL ESPÍRITU

Reservé el tema de la música para el final de este capítulo porque típicamente se confunde erróneamente con la adoración. No es mi intención restar importancia a la música; ella es un componente vital de preparación para que la congregación reciba la proclamación y la ministración del Espíritu Santo.

Mientras que muchas de las iglesias se preparan para la experiencia del domingo por la mañana, muchas han perdido la oportunidad de conectarse con Dios y con las personas. Las reuniones de adoración pueden convertirse en un ritual y perder su enfoque de ayudar a las personas a conectarse verticalmente con Dios y vincularse horizontalmente con el cuerpo de creyentes.

Alabar a Dios mediante la música es un método invariable e incomparable de conexión a nivel de las emociones. La música nos conmueve y nos ayuda a expresar lo que hay en nuestro corazón. Pocas cosas, como la música de alabanza y adoración pueden crear el ambiente para que la congregación establezca una conexión poderosa y renovadora a nivel emocional y espiritual, y prepararla también para recibir la Palabra.

No le diré cómo usted debe dirigir la música porque cada iglesia es diferente. Algunas iglesias dedicarán menos tiempo a la adoración a través de la música y otras más. El punto es que tengamos una expresión genuina de adoración, no solamente un ritual musical. He estado en reuniones increíbles que han tenido solo diez minutos de música y la mayor parte del tiempo se dedicó a la predicación inspirada por el Espíritu Santo y a la oración. He estado también en iglesias con largas horas de adoración musical que me ha dejado con hambre de Dios. Siempre debe haber un equilibrio. Es necesario orar y buscar la dirección del Espíritu Santo para alcanzar un buen equilibrio de los elementos para la congregación.

El Espíritu Santo debe ser parte de los cantos de adoración como también de la predicación de la Palabra. Los dos están relacionados y son interdependientes, uno complementa al otro. Abogo tenazmente para que haya flexibilidad en su horario, de manera que todos puedan experimentar la obra del Espíritu Santo y seguir su guía. Las iglesias que se dejan guiar por el Espíritu tienen la oportunidad de experimentar el propósito de Dios y su dirección en cada momento de la adoración.

Nuestras experiencias de adoración comienzan mucho antes de que se toque la primera nota o se pronuncie la primera palabra del mensaje. Ellas comienzan con la oración, antes que la primera persona entre al templo o el ujier esboce su primera sonrisa de bienvenida. Así también, ellas permanecen después del último amén y mientras las personas regresan a su hogar, y son un ingrediente integral del resto de la semana.

Es imposible que todo esto produzca el impacto que esperamos sin la presencia del Espíritu Santo en nuestra vida y en nuestras reuniones. Mediante nuestra adoración, buscamos una renovación y conexión con Dios y los demás, para que Él pueda satisfacer nuestra hambre y nos dé esperanza y libertad. Sin embargo, no creo que el propósito principal de la adoración es que demos la bienvenida al Espíritu para que llene nuestro corazón, y continúe hasta fortalecer a toda una congregación o incluso a una ciudad.

Nuestro anhelo es honrar y glorificar a Dios con nuestra adoración porque le amamos de manera exuberante y nos sometemos completamente a Él. Por eso levantamos nuestras manos, nos inclinamos, o expresamos de alguna manera lo que brota naturalmente de un corazón fortalecido por el Espíritu, porque Él es nuestro enfoque.

Si alguien en su iglesia dice que no recibió nada de la adoración, eso revela un enfoque incorrecto. Debemos recordarle a esa persona que el enfoque del servicio no es la experiencia personal sino la persona del Espíritu Santo.

Nuestro enfoque es adorar a Dios. Cuando perdemos ese enfoque o preferimos y escogemos de entre las cinco funciones lo que más nos gusta, esto afectará nuestra adoración. También, afectará nuestra habilidad para alcanzar a los que están fuera de la iglesia y para mantener el enfoque en el exterior que contribuye a la edificación del reino de Dios.

17 UNAMOS TODOS LOS ELEMENTOS

En el curso de los últimos cinco capítulos, hemos explorado cómo cada uno de las funciones bíblicas de Hechos 2, *conectar*, *crecer*, *servir*, *ir*, y *adorar*, cumple un propósito preparatorio en el contexto de un plan estratégico para su iglesia. Cada elemento, como la misión universal de la iglesia, o la visión que Dios tiene para su iglesia, e incluso los valores esenciales de cada grupo de creyentes, interactúa con cada una de estas funciones. Cuando exploramos juntos todo esto, comenzamos a formar el marco de un proceso que es bíblico, transferible, y digno de repetir.

Si su iglesia está en el centro de la ciudad, los suburbios, o en un sector rural, los principios sobre los cuales Cristo fundó la iglesia del primer siglo darán buen resultado porque Dios diseñó el plan. Si su iglesia es una congregación pequeña y saludable, o grande y con muchas luchas, el proceso Hechos 2 ayudará a que su iglesia crezca y se fortalezca, y cause un impacto.

Aquí es donde todo converge. Usted ha leído acerca del fundamento sobre el cual todo esto se edifica: cada creyente es un sacerdote. Entiende que la misión que Jesús nos encomendó en la Gran Comisión es universal y no opcional. Sabe que Dios tiene un plan para su iglesia y que el Espíritu Santo quiere compartir esa visión con usted. También entiende que los valores esenciales representan la identidad de la iglesia y reflejan cómo su congregación llegará a ese futuro preferido.

Desarrolla su plan estratégico en torno a las funciones de la iglesia según Hechos 2:42–47: *conectar, crecer, servir, ir,* y *adorar.* Mi oración es que pueda usar el contenido del capítulo en cada uno de estos ministerios para comenzar a formular las preguntas adecuadas para su iglesia.

¿Qué le habló Dios a través de cada una de estas funciones? ¿De qué manera su visión implementa la misión de la iglesia, las fortalezas de su iglesia, y los valores esenciales? ¿Cómo demostrará los valores (conductas) necesarios para cumplir su visión empleando las cinco funciones de la iglesia del primer siglo? ¿Qué pasos de crecimiento dará para cumplir una visión para cada una de las cinco funciones en los próximos tres a cinco años?

Estos son algunos de los puntos principales que lo ayudarán a que su iglesia avance al próximo nivel. Cada iglesia tendrá su propio proceso para salir de su condición actual y llegar adonde quiera llevarla, pero lo que acaba de leer es el proceso que me faltó en mis primeros años de pastor.

Espero que note que las cinco funciones que he presentado sirven de guía para cumplir nuestra misión en la tierra: hacer discípulos, llegar a lo último de la tierra, desarrollar nuestros dones de ministerio, crecer en relación a través de las conexiones, descubrir como Dios nos hizo, y compartir nuestra fe con otros.

Recuerde, las cinco funciones no operan independientes. Dios nos otorgó estas funciones para que operen en conjunto con las demás en todo tiempo. Son simultáneas, no secuenciales. A menudo tratamos de separar estas funciones o nos enfocamos en algunas y excluimos las otras, cuando el propósito de Dios es que operen en conjunto para nuestra fortaleza y armonía.

IMPACTO

El proceso Hechos 2 está dando fruto. Noventa y cinco por ciento de los pastores se sienten mejor capacitados para dirigir sus congregaciones después de pasar por este proceso, y ochenta y ocho por ciento observan que sus equipos trabajan con más eficacia que nunca antes. Dos de los tres están experimentando un impacto considerable, y más de la mitad ya están viendo crecimiento.[27]

Estos líderes están viendo resultados porque están empleando el proceso y participando de los principios invariables de los ministerios sobre los cuales Jesús estableció la iglesia.

Los resultados que usted experimenta personalmente dependen de su disposición a aceptar el cambio. Debe decidir si aceptará o no el poder del Espíritu y el proceso que Dios estableció en Hechos 2. Si lo hace, su iglesia comenzará a tener un mayor impacto en su comunidad como una congregación llena del Espíritu y cuya visión es la iglesia de Hechos 2.

LO PRINCIPAL SON LAS PERSONAS

En este libro hemos explorado el próximo nivel de salud espiritual. Es un proceso que no se detiene mientras la iglesia tenga vida y también una nueva visión que le infunden los nuevos líderes y también los más antiguos cuando son renovados.

Este proceso no termina con este libro, ni termina cuando usted traza un plan estratégico para su iglesia que usa los cinco ministerios como modelo. Conforme usted crece y la iglesia se desarrolla, conforme los líderes vienen y van, y conforme la sociedad cambia, será también necesario revisar este proceso una y otra vez.

Una cosa nunca cambiará: lo principal son las *personas*.

La iglesia no es un edificio. *Usted y su congregación son la iglesia*. Sin embargo, usted es más que la iglesia y la esperanza del mundo... usted es la iglesia en el poder del Espíritu, y tiene exactamente lo que más necesita un mundo perdido y sufriente. Ahora, es tiempo de que reúna todo esto y lo use para su congregación. Es tiempo de capacitar a la próxima generación de discípulos y preparar a los santos para la obra del ministerio, ¡porque todos somos parte de un real sacerdocio de creyentes!

EPÍLOGO
UNA ESPERANZA RENOVADA

En cada país y en el mundo entero, las iglesias y los líderes quieren esperanza. Queremos ser pertinentes y eficaces, y queremos dejar un legado poderoso de esperanza para las generaciones futuras. La elección que hacemos hoy formará la iglesia del mañana.

¿Será una iglesia fuerte o será una iglesia débil? No hemos perdido nuestra fe, todavía creemos en la verdad de la Palabra de Dios, la Gran Comisión y el Gran Mandamiento. Todavía creemos en el poder del Espíritu Santo, y nuestro corazón anhela ver el avance del reino de Dios en toda la tierra.

Sin embargo, muy a menudo perdemos nuestra *esperanza*.

En mi propia vida, experimenté esto cuando observé a mi madre, quien por muchos años había sido un ancla de fe y esperanza para la familia, quien mirándome directamente a la cara me dijo que nunca volviera a orar en su presencia. Me quedé boquiabierto y lloré mientras conducía a casa y después mientras oraba esa noche.

Mi padre que estaba al borde de la muerte, no había hablado una sola palabra en meses, ni había sido coherente por años. Aunque él y mi madre habían ministrado a muchos y en muchas ocasiones habían presenciado la gran obra de Dios, todas nuestras oraciones a favor de papá al parecer no tenían respuesta.

La prolongada enfermedad de mi padre agotó profundamente a mi madre.

Yo temía que ella había perdido su fe, pero en mi oración entre lágrimas esa noche, el Espíritu Santo me mostró la verdad: ella no había perdido la fe. Sus décadas de servicio a Dios la había fortalecido en su fe que nunca perdería. Ella sabía que las promesas de Dios son verdad… pero en su desesperación, ella había perdido la esperanza.

PALABRA FINAL

Cuatro días después del arrebato de enojo, desesperación, amargura, y desesperanza, ella volvió al hospital para visitar a mi padre. Allí, para su sorpresa, ella sintió la presencia de Dios.

«No quería sentirla», me dijo ella después, «pero era como una nube de unción».

En el Antiguo Testamento la llamaban Shekina, la gloria de Dios. La presencia de Dios es tan real y poderosa que tiene una esencia que a veces podemos palpar. Fue esta esencia del Espíritu de Dios que vino sobre mi madre cuando ella entró en la sala donde estaba mi padre, y juntamente con esa esencia, ella oyó una voz que le habló al corazón.

Cuatro días antes, oí la voz del enemigo que trataba de apagar mi esperanza, pero ese día, la voz del Espíritu susurró al corazón de mi madre.

El Espíritu dijo: «*Prepárate; él hablará contigo hoy*».

¡Esto era una locura! Los médicos nos habían dicho que papá estaba mentalmente ausente. Incluso si salía del estado de coma, había pasado meses desde la última vez que había hablado. Su habla conducente a su crisis había sido ininteligible por meses.

Mi madre había perdido la esperanza, pero la voz del Espíritu comenzó a infundirle esperanza y comenzó poco a poco a llenarla.

Ella se sentó al lado de la cama de papá y esperó con anhelo que dijera algo.

«No sé si esperé tres minutos o tres horas», me dijo después, «pero mientras lo observaba, sus ojos se aclararon y me miró directamente». Los ojos de mi madre se iluminaron mientras me contaba, «su boca comenzó a moverse, y con una voz fuerte dijo: "¿Sabías querida? Dios todavía contesta las oraciones"».

Los diez minutos siguientes, papá siguió acostado, orando en lenguas bajo el poder del Espíritu Santo, y después volvió a caer en coma.

Poco después, falleció.

«Hijo, nadie más podría haberme hablado así», declaró después mi madre. «Ni tú, ni un predicador, o profeta, ninguno podría darme esa afirmación que tuviera significado para mí. El único que podía decirme eso y que fuera realmente significativo era tu padre, y él tenía muerte cerebral, pero Dios permitió que predicara ¡un mensaje más! Y eso ¡renovó mi esperanza!»

LA ESPERANZA DEL MUNDO

En la actualidad, nos encontramos en una encrucijada en nuestra cultura y en nuestras iglesias. El diablo quiere detener el avance de la Iglesia, y por eso trata de eliminarnos a cada uno. Él sabe que es más fácil atacar nuestras emociones que derrotarnos por causa de las Escrituras, de manera que manipula la manera en que pensamos respecto a nuestras circunstancias para que pensemos que no hay esperanza.

Sin embargo, el diablo no puede alterar la Palabra de Dios, y él no puede resistir el poder del Espíritu Santo.

Dios nos ha dado un proceso en Hechos 2 que ofrece esperanza a cualquier iglesia, porque es su modelo original. En nuestro mundo cambiante, la Palabra de Dios permanece, y su plan para la iglesia no ha cambiado ni se ha conformado a los tiempos. Es eterno como también lo es nuestra misión.

Dios nos ha dado su Palabra de manera que podemos permanecer firmes y tener esperanza. Pablo dice: «Tales cosas se escribieron hace tiempo en las Escrituras para que nos sirvan de enseñanza. Y las Escrituras nos dan esperanza y ánimo mientras esperamos con paciencia hasta que se cumplan las promesas de Dios» (Ro. 15:4). Y en otra ocasión, escribe: «Tres cosas durarán para siempre: la fe, la esperanza y el amor; y la mayor de las tres es el amor» (1 Co. 13:13).

El diablo puede tratar. Él puede mentir, engañar, robar, pero al final, no tiene autoridad para quitarnos la esperanza.

De manera que no debemos rendirnos ante él.

Las últimas y milagrosas palabras de mi padre restauraron la esperanza de mi madre. Cuando usted, mi amigo, enfrente los desafíos de dirigir una iglesia, ¿qué restaurará su esperanza?

Hemos enfrentado tiempos de prueba, y el Señor bondadosamente ha soplado vida sobre las brazas, ha traído avivamiento justo cuando todo parecía perdido. Así como Dios sopló aliento de vida a la humanidad y sobre los que se habían reunido en el Aposento Alto, su aliento es todo lo que necesitamos para ¡encender la llama otra vez! ¡Dios anhela investir de poder a su iglesia y ver que causamos un gran impacto en nuestro mundo!

Esto ha sucedido antes, y la gran obra de Dios recorrió toda la faz de la tierra e hizo retroceder las tinieblas. Si ha ocurrido antes, puede suceder otra vez. Pero debemos orar y buscar su poder para que vuelva a suceder.

Las puertas del infierno no prevalecerán contra la iglesia llena del poder del Espíritu que Dios estableció en la tierra para alcanzar a los perdidos. Oremos que Dios nos encuentre cumpliendo esta misión con fidelidad y oigamos de Dios «bien hecho, siervos buenos y fieles».

Entonces, ¿dónde encontraremos lo que necesitamos para la restauración de nuestra esperanza? ¿Acaso lo encontramos en las nuevas estrategias del ministerio? ¿En el restablecimiento de las viejas tradiciones?

No. No podemos depender de nuestro propio ingenio, intelecto, y fuerza humana. Nuestra esperanza no está en un programa ni en un proceso; nuestra esperanza tiene su raíz en una Persona.

Siglos antes de Cristo, Isaías profetizó lo que Jesús cumplió. Mateo registra el cumplimiento de la palabra profética:

> No aplastará la caña más débil
> ni apagará una vela que titila.
> Al final, hará que la justicia salga victoriosa.
> Y su nombre será la esperanza
> de todo el mundo (Mt. 12:20–21, NTV).

Tenemos esperanza porque tenemos a Jesús. Ahora comuniquemos esperanza a los perdidos de este mundo, como una iglesia investida del mismo poder del Espíritu que levantó a Cristo de los muertos.

NOTAS

1   Esta cifra proviene de las estadísticas de nuestra denominación y fue extraída de los informes sometidos por nuestras iglesias. Calculamos que una iglesia está disminuyendo si ha bajado más del 10 por ciento en un período de cinco años. De la misma manera, una iglesia con menos del diez por ciento de crecimiento en un período de cinco años se clasifica como estancada.

2   Dave Kinnaman, *unChristian* (Grand Rapids: Baker Book House, 2007), 79.

3   www.albertmohler.com/category/blog/

4   George Bullard Jr., *Seven Enduring Principles for Transforming Your Congregation*, The Columbia Partnership, 2009 accessed August 1, 2016, http://columbiapartnership.typepad.com/files/seven-endurin g-principles-for-transforming-your-congregation.doc

5   Denzil Miller, *The Spirit of God in Missions* [El Espíritu Santo en las misiones] (Springfield, MO: PneumaLife Publications, 2012), 233.

6   Stephen R Covey, A. Roger Merrill, and Rebecca R. Merrill, *First Things First Every Day* [Lo principal primero cada día] (Wichita, KS: Fireside Publishing, 1997), 103.

7   Citado por Gerardo Marti, *A Mosaic of Believers* [Un mosaico de creyentes] (Bloomington, IN: Indiana University Press, 2009), 78.

8   Aubrey Malphurs, *Ministry Nuts and Bolts* [Tuercas y pernos del ministerio] (Grand Rapids, MI: Kregel, 2009), 17.

9   Christian A. Schwarz, *Natural Church Development* [Desarrollo natural de la iglesia] (Carol Stream, IL: ChurchSmart Resources, 1996). Cited in *Cell Church Magazine*, Fall 1997.

10 Citado por Kelly Shattuck en «*7 Startling Facts: An Up Close Look at Church Attendance in America*,» [7 hechos sorprendentes: Un vistazo a la asistencia de la iglesia en América] *ChurchLeaders*, www.churchleaders.com/pastors/pastor-articles/139575-7-startling-facts-an-up-close-look-at-church-attendance-in-america.html.

11   Larry Crabb, *Connecting* [Conexión] (Nashville: Thomas Nelson, 1997), Epub Kindle Loc. 128.

12   Crabb, *Connecting* [Conexión], Epub Kindle Loc. 3792.

13   Crabb, *Connecting* [Conexión], Epub Kindle Loc. 93.

14   David Olson, *The American Church in Crisis* [La iglesia norteamericana en crisis] (Zondervan, Grand Rapids, MI, 2008), 137.

15   Dr. David Ferguson, *Relational Foundations* [Fundamentos de la Relación] (Austin, TX: Relationship Press, 2004) 72–74.

16   Dr. David Ferguson, *Relational Discipleship* [Discipulado relacional transformado por el amor de Dios], (Austin, TX: Relationship Press, 2005), 96.

17   Leonard Sweet, *Giving Blood* [Donadores de sangre] (Grand Rapids, MI: Zondervan, 2014), 46.

18   Ibid., 47.

19   Ibid., 300.

20   Ibid., 251.

21   Ibid., 54.

22   Citado por Robert E. Webber, *Journey to Jesus* [Viaje a Jesús] (Nashville: Abington Press, 2001), 11–15.

23   Ferguson, *Relational Foundations* [Fundamentos de relación], 153.

24   Ron Bennett, *Intentional Disciplemaking* [Discipulado intencional] (Colorado Springs, CO: NavPress, 2001), 12–13.

25   Thom Ranier, *Desconectados de la iglesia* (Grand Rapids: Zondervan, 2003), citado por backtochurch.com/participate/resources/statistics.

26   Ibid.

27   Estas estadísticas se basan en los estudios de los resultados de nuestros viajes de Hechos 2 a las iglesias.

APÉNDICE

CUARENTA INDICADORES DE UN DISCÍPULO LLENO DEL ESPÍRITU

Muchos líderes en nuestras conferencias Hechos 2 han pedido una lista de las características de un discípulo lleno del Espíritu. Aunque sólo ha habido una persona que amó a Dios con todo su corazón, alma y mente y a su prójimo como a sí mismo, Dios quiere que todos sigamos creciendo en fe, amor, esperanza, y carácter. Use esta lista de cuarenta indicadores para una evaluación de las fortalezas y las áreas de la vida que necesitan atención. Anime siempre a las personas a que se consideren en proceso de crecimiento. ¡Así solamente «llegaremos» al nuevo cielo y a la nueva tierra!

Un discípulo en el poder del Espíritu ama a Dios cuando...

1. Da gracias en todo

«Entren por sus puertas con acción de gracias» (Sal. 100:4). «den gracias a Dios en toda situación» (1 Ts. 5:18). «...aparentemente tristes, pero siempre alegres» (2 Co. 6:10).

2. Escucha a Dios para recibir dirección y discernimiento

«Habla, Señor, que tu siervo escucha» (1 S. 3:9). «María que, sentada a los pies del Señor, escuchaba lo que él decía» (Lc. 10:38–40). «¿Le ocultaré a Abraham lo que estoy por hacer?» (Gn. 18:17). «Esa unción... les enseña todas las cosas» (1 Jn. 2:27).

3. Experimenta a Dios mediante una intimidad profunda con Él

«Escucha, Israel: El Señor nuestro Dios es el único Señor. Ama al Señor tu Dios con todo tu corazón y con toda tu alma y con todas tus fuerzas» (Dt. 6:4–5). «Por eso el Señor los espera, para tenerles piedad; por eso se levanta para mostrarles compasión. Porque el Señor es un Dios de justicia. ¡Dichosos todos los que en él esperan!» (Is. 30:18). Véase también Juan 14:9.

4. Se regocija en su identidad como «amado de Dios»

«...sobre mí enarboló su bandera de amor» (Cant. 2:4). «para alabanza de su gloriosa gracia, que nos concedió en su Amado» (Ef. 1:6). «porque Dios concede el sueño a sus amados» (Sal. 127:2).

5. Anhela con fervor la pureza y complace a Dios en todo

«¿Quién puede subir al monte del Señor? . . . Sólo el de manos limpias y corazón puro» (Sal. 24:3–4). «Como tenemos estas promesas, queridos hermanos, purifiquémonos de todo lo que contamina el cuerpo y el espíritu, para completar en el temor de Dios la obra de nuestra santificación» (2 Co. 7:1). «El que me envió está conmigo; no me ha dejado solo, porque siempre hago lo que le agrada» (Jn. 8:29). «Dios podría matarme, pero es mi única esperanza» (Job 13:15, NTV).

6. Practica habitualmente la negación propia, el ayuno, y su tiempo a solas con Dios

«Jesús se volvió y le dijo a Pedro: —¡Aléjate de mí, Satanás! Quieres hacerme tropezar; no piensas en las cosas de Dios sino en las de los hombres» (Mt. 16:23). «Pero tú, cuando ayunes...» (Mt. 6:17). «Quédense quietos, reconozcan que yo soy Dios» (Sal. 46:10).

7. Alaba y adora guiado por el Espíritu

«Alaba, alma mía, al Señor; y alabe todo mi ser su santo nombre» (Sal. 103:1). «Servid a Jehová con temor, y alegraos con temblor» (Sal. 2:11). «Te alabo, Padre, Señor del cielo y de la tierra» (Mt. 11:25).

8. Ora con fe, disciplina y denuedo

«Oren en el Espíritu en todo momento, con peticiones y ruegos» (Ef. 6:18). «Clama a mí y te responderé» (Jer. 33:3). «...si pedimos conforme a su voluntad, él nos oye» (1 Jn. 5:14–15).

9. Se somete a la plenitud del Espíritu y experimenta una intimidad sobrenatural con Dios, la manifestación de los dones del Espíritu, y la evidencia del fruto del Espíritu

«Todos fuimos bautizados por un solo Espíritu para constituir un solo cuerpo —ya seamos judíos o gentiles, esclavos o libres—, y a todos se nos dio a beber de un mismo Espíritu» (1 Co. 12:13). «Pero cuando venga el Espíritu Santo sobre ustedes, recibirán poder» (Hch. 1:8). «A cada uno se le da una manifestación especial del Espíritu para el bien de los demás» (1 Co. 12:7). Véase también 1 Pedro 4:10 y Romanos 12:6.

10. Practica la presencia de Dios, sometiéndose a la obra del Espíritu a la semejanza de Cristo

«Así, todos nosotros, que con el rostro descubierto reflejamos como en un espejo la gloria del Señor, somos transformados a su semejanza con más y más gloria por la acción del Señor, que es el Espíritu» (2 Co. 3:18). «Cual ciervo jadeante en busca del agua, así te busca, oh Dios, todo mi ser» (Sal. 42:1).

Un discípulo en el poder del Espíritu ama la Palabra cuando....

1. Se deja guiar por el Espíritu para profundizar su amor por quien inspiró la Palabra

«Ama al Señor tu Dios con todo tu corazón, con todo tu ser y con toda tu mente —le respondió Jesús—. Éste es el primero y el más importante de los mandamientos. El segundo se parece a éste: "Ama a tu prójimo como a ti mismo."» (Mateo 22:37–39). «Amo tus mandamientos, y en ellos me regocijo» (Sal. 119:47). «Las

sentencias del Señor son verdaderas: todas ellas son justas. Son más deseables que el oro... son más dulces que la miel» (Sal. 19:9–10).

2. Es una «carta viva» que muestra reverencia y asombro conforme la Palabra de Dios se hace realidad en su vida, vocación, y llamado

«Ustedes mismos son nuestra carta, escrita en nuestro corazón, conocida y leída por todos» (2 Co. 3:2). *«Y el Verbo se hizo hombre y habitó entre nosotros»* (Jn. 1:14). *«Esposos, amen a sus esposas, ... lavándola con agua mediante la palabra»* (Ef. 5:26). *«Hagan lo que hagan, trabajen de buena gana, como para el Señor y no como para nadie en este mundo»* (Col. 3:23). *Véase también Tito 2:5.*

3. Se somete a las enseñanzas de las Escrituras y al poder transformador que cambia su vida

«De tus preceptos adquiero entendimiento; por eso aborrezco toda senda de mentira» (Sal. 119:104). *«Que él haga conmigo como me has dicho»* (Lc. 1:38). *«¿Cómo puede el joven llevar una vida íntegra? Viviendo conforme a tu palabra»* (Sal. 119:9). *Véase también Colosenses 3:16–17.*

4. Anuncia con humildad y temor la obra transformadora del Espíritu a través de la Palabra

«Hablaré de tus estatutos a los reyes y no seré avergonzado» (Sal. 119:46). *«Predica la Palabra; persiste en hacerlo, sea o no sea oportuno»* (2 Tim. 4:2).

5. Medita continuamente más y más en la Palabra que guarda en su corazón

«En mi corazón atesoro tus dichos para no pecar contra ti» (Sal. 119:11). *«Sean, pues, aceptables ante ti mis palabras y mis pensamientos, oh Señor, roca mía y redentor mío»* (Sal. 19:14).

6. Descubre a Cristo en la Palabra para una profunda transformación a la semejanza de Cristo

«Así, todos nosotros, que con el rostro descubierto reflejamos como en un espejo la gloria del Señor, somos transformados a su semejanza con más y más gloria por la acción del Señor, que es el Espíritu» (2 Co. 3:18). «Si permanecen en mí y mis palabras permanecen en ustedes, pidan lo que quieran, y se les concederá» (Jn. 15:7). Véase también Lucas. 24:32; Salmos 119:136; y 2 Corintios 1:20.

7. Es ejemplo de una vida que «experimenta la Escritura»

«En realidad lo que pasa es lo que anunció el profeta Joel» (Hch. 2:16). «Éste es mi consuelo en medio del dolor: que tu promesa me da vida» (Sal. 119:50). «A toda hora siento un nudo en la garganta por el deseo de conocer tus juicios» (Sal. 119:20).

8. Vive «naturalmente lo sobrenatural» en todo aspecto de su vida según el Espíritu obra la Palabra escrita (*logos*) en la Palabra viva (*rhema*)

«Así que la fe viene como resultado de oír el mensaje, y el mensaje que se oye es la palabra de Cristo» (Ro. 10:17). «Tu palabra es una lámpara a mis pies; es una luz en mi sendero» (Sal. 119:105).

9. Vive abundantemente en el «presente» a medida que la Palabra trae sanidad del dolor y la ira, la culpa, el temor, y la condenación, que son los impedimentos de una vida abundante.

«El ladrón no viene más que a robar, matar y destruir» (Jn. 10:10). «Corro por el camino de tus mandamientos, porque has ampliado mi modo de pensar» (Sal. 119:32). «...y conocerán la verdad, y la verdad los hará libres» (Jn. 8:32). «Cristo nos libertó para que vivamos en libertad. Por lo tanto, manténganse firmes y no se sometan nuevamente al yugo de esclavitud» (Gl. 5:1).

10. Confía absolutamente y sin reservas que la Palabra se cumplirá

«Sécase la hierba, marchítase la flor; mas la palabra del Dios nuestro permanece para siempre» (Is. 40:8, RVR1960). «...así será mi palabra que sale de mi boca; no volverá a mí vacía, sino que hará lo que yo quiero, y será prosperada en aquello para que la envié» (Is. 55:11, RVR1960).

Un discípulo en el poder del Espíritu ama a las personas cuando...

1. Obedece la guía del Espíritu para hacer bien en todo: relaciones y vocación, comunidad y llamado

«Y cómo anduvo haciendo el bien» (Hch 10:38). «Hagan brillar su luz delante de todos, para que ellos puedan ver las buenas obras de ustedes y alaben al Padre que está en el cielo» (Mt. 5:16). «Ustedes, por el contrario, amen a sus enemigos, háganles bien y denles prestado sin esperar nada a cambio. Así tendrán una gran recompensa y serán hijos del Altísimo, porque él es bondadoso con los ingratos y malvados» (Lc. 6:35). Véase también Romanos 15:2.

2. «Sorprende a las personas» con iniciativas generosas de «dar primero»

«Den, y se les dará: se les echará en el regazo una medida llena, apretada, sacudida y desbordante. Porque con la medida que midan a otros, se les medirá a ustedes» (Lc. 6:38). «—Padre —dijo Jesús—, perdónalos, porque no saben lo que hacen» (Lc. 23:34). Véase también Lucas 23:43 y Juan 19:27.

3. Discierne las necesidades de relación de otros y tiene un corazón dispuesto a entregar el amor de Dios

«Eviten toda conversación obscena. Por el contrario, que sus palabras contribuyan a la necesaria edificación y sean de bendición

para quienes escuchan» (Ef. 4:29). «Así que mi Dios les proveerá de todo lo que necesiten, conforme a las gloriosas riquezas que tiene en Cristo Jesús» (Fil. 4:19). Véase también Lucas 6:30.

4. Percibe que las personas necesitan la redención del pecado y la intimidad en las relaciones, y hace frente a la debilidad humana y la soledad

«Pero Dios demuestra su amor por nosotros en esto: en que cuando todavía éramos pecadores, Cristo murió por nosotros» (Ro. 5:8). «Llegando al lugar, Jesús miró hacia arriba y le dijo: — Zaqueo, baja en seguida. Tengo que quedarme hoy en tu casa» (Lc. 19:5). Véase también Marcos 8:24 y Génesis 2:18.

5. Ministra la vida y el amor de Dios a los más cercanos en el hogar y con la familia y participa también con los fieles del Cuerpo, la iglesia

«De igual manera, ustedes esposos, sean comprensivos en su vida conyugal, tratando cada uno a su esposa con respeto, ya que como mujer es más delicada, y ambos son herederos del grato don de la vida. Así nada estorbará las oraciones de ustedes» (1 P. 3:7). Véase también 1 Pedro 3:1; y Salmos 127:3.

6. Manifiesta el fruto del Espíritu como un estilo de vida e identidad

«En cambio, el fruto del Espíritu es amor, alegría, paz, paciencia, amabilidad, bondad, fidelidad, humildad y dominio propio. No hay ley que condene estas cosas» (Gl. 5:22–23). «Cada uno se llena con lo que dice y se sacia con lo que habla» (Pr. 18:20).

7. Espera y da evidencia de la operación sobrenatural cuando los dones espirituales y la gracia se manifiestan mediante la obra del Espíritu

«...mediante poderosas señales y milagros, por el poder del Espíritu de Dios. Así que, habiendo comenzado en Jerusalén, he

completado la proclamación del evangelio de Cristo por todas par-
tes, hasta la región de Iliria» (Ro. 15:19). «Ciertamente les aseguro
que el que cree en mí las obras que yo hago también él las hará, y
aun las hará mayores, porque yo vuelvo al Padre» (Jn. 14:12). Véase
también 1 de Corintios 14:1.

8. Toma valerosas iniciativas como pacificador, reconciliando las relaciones a través del peregrinaje de la vida

«Ténganlos en alta estima, y ámenlos por el trabajo que hacen.
Vivan en paz unos con otros» (1 Tes. 5:13). «Porque Cristo es nues-
tra paz: de los dos pueblos ha hecho uno solo, derribando mediante
su sacrificio el muro de enemistad que nos separaba» (Ef. 2:14).
«Por eso, confiésense unos a otros sus pecados, y oren unos por
otros, para que sean sanados. La oración del justo es poderosa y
eficaz» (Stg. 5:16). Véase también Efesios 4:31–32.

9. Muestra el amor de Dios a una red creciente de «otros» que lo impulsa a seguir amando «más allá de lo conveniente»

«El que afirma: "Lo conozco", pero no obedece sus mandamien-
tos, es un mentiroso y no tiene la verdad» (1 Jn. 2:4). «Si alguien
afirma: "Yo amo a Dios", pero odia a su hermano, es un mentiroso;
pues el que no ama a su hermano, a quien ha visto, no puede amar
a Dios, a quien no ha visto» (1 Jn. 4:20).

10. Reconoce con humildad ante Dios, ante sí mismo, y otros que Jesús ama a los demás a través de nosotros conforme a sus necesidades

«Carguen con mi yugo y aprendan de mí, pues yo soy apaci-
ble y humilde de corazón, y encontrarán descanso para su alma»
(Mt. 11:29). «Pues si yo, el Señor y el Maestro, les he lavado los
pies, también ustedes deben lavarse los pies los unos a los otros»
(Jn. 13:14).

Un discípulo en el poder del Espíritu ama la misión de Dios cuando...

1. Comparte el evangelio y su propia vida a través de las actividades diarias y en las relaciones, la vocación, y en la comunidad

«Así nosotros, por el cariño que les tenemos, nos deleitamos en compartir con ustedes no sólo el evangelio de Dios sino también nuestra vida. ¡Tanto llegamos a quererlos! Recordarán, hermanos, nuestros esfuerzos y fatigas para proclamarles el evangelio de Dios» (1 Tes. 2:8–9). *Véase también Efesios 6:19.*

2. Proclama y extiende el Reino al compartir la compasión, la justicia, el amor, y el perdón de Dios

«Pero él les dijo: "Es preciso que anuncie también a los demás pueblos las buenas nuevas del reino de Dios, porque para esto fui enviado"» (Lc. 4:43). *«Como tú me enviaste al mundo, yo los envío también al mundo»* (Jn. 17:18). *«Devuélveme la alegría de tu salvación; que un espíritu obediente me sostenga. Así enseñaré a los transgresores tus caminos, y los pecadores se volverán a ti»* (Sal. 51:12–13). *Véase también Miqueas 6:8.*

3. Presenta a Cristo como la única esperanza de vida eterna y abundante

«En ningún otro hay salvación, porque no hay bajo el cielo otro nombre dado a los hombres mediante el cual podamos ser salvos» (Hch. 4:12). *«El ladrón no viene más que a robar, matar y destruir; yo he venido para que tengan vida, y la tengan en abundancia»* (Jn. 10:10). *Véase también Juan 14:6.*

4. Cuando se somete a la guía del Espíritu para infundir convicción en otros y resiste expresiones de juicio

«Y cuando él venga, convencerá al mundo de su error en cuanto al pecado, a la justicia y al juicio» (Jn. 16:8). *«¿Quién condenará? Cristo Jesús es el que murió, e incluso resucitó, y está a la derecha de Dios e intercede por nosotros»* (Ro. 8:34). *Véase también Romanos 8:1.*

5. Cuando ministra el amor de Dios a uno de «estos pequeños»

«*Él les responderá: "Les aseguro que todo lo que no hicieron por el más pequeño de mis hermanos, tampoco lo hicieron por mí"*» (*Mt 25:45*). «*La religión pura y sin mancha delante de Dios nuestro Padre es ésta: atender a los huérfanos y a las viudas en sus aflicciones, y conservarse limpio de la corrupción del mundo*» (*Stg. 1:27*).

6. Manifiesta el testimonio de una paz segura y una bendita esperanza en el señorío de Cristo en todas las cosas

«*Que el Señor de paz les conceda su paz siempre y en todas las circunstancias. El Señor sea con todos ustedes*» (*2 Tes. 3:16*). «*Que gobierne en sus corazones la paz de Cristo, a la cual fueron llamados en un solo cuerpo. Y sean agradecidos*» (*Col. 3:15*). *Véase también Romanos 8:28 y Salmos 146:5.*

7. Comparte fielmente su tiempo, su talento, sus dones, y recursos para el avance de la misión de Dios

«*De ésta llegué a ser servidor según el plan que Dios me encomendó para ustedes: el dar cumplimiento a la palabra de Dios*» (*Col. 1:25*). «*A todo el que se le ha dado mucho, se le exigirá mucho; y al que se le ha confiado mucho, se le pedirá aun más*» (*Lc. 12:48*). *Véase también 1 Corintios 4:1–2.*

8. Presta atención a la historia de otros, comparte con humildad su propia historia, y es un testigo sensible a la historia de Jesús como la esperanza principal

«*Más bien, honren en su corazón a Cristo como Señor. Estén siempre preparados para responder a todo el que les pida razón de la esperanza que hay en ustedes*» (*1 P. 3:15*). «*Este hijo mío estaba muerto, pero ahora ha vuelto a la vida*» (*Lc. 15:24*). *Véase también Marcos 5:21–42 y Juan 9:1–35.*

9. Invierte su propia vida en la de otros, haciendo discípulos que a su vez hacen discípulos

«Por tanto, vayan y hagan discípulos de todas las naciones, bautizándolos en el nombre del Padre y del Hijo y del Espíritu Santo, enseñándoles a obedecer todo lo que les he mandado a ustedes. Y les aseguro que estaré con ustedes siempre, hasta el fin del mundo» (Mt. 28:19–20). Véase también 2 Timoteo 2:2.

10. Vive en sumisión dentro del Cuerpo, la iglesia, conforme recibe la enseñanza y el aliento, la exhortación y la corrección de los fieles discípulos

«Sométanse unos a otros, por reverencia a Cristo» (Ef. 5:21). «Hermanos, si alguien es sorprendido en pecado, ustedes que son espirituales deben restaurarlo con una actitud humilde. Pero cuídese cada uno, porque también puede ser tentado» (Gl. 6:1). Véase también Gálatas 6:2.

RECONOCIMIENTOS

Agradezco a todas las personas que han hecho posible este libro.

A Johanna, tus sabios consejos y constante apoyo han sido importantes en la formación de nuestro proceso ministerial que estableció muchos de los principios que aquí se presentan.

Al equipo de Church Multiplication Network [Red de multiplicación de la iglesia], Mike Clarensau, Ron McManus y Rick Allen, colectivamente e individualmente, ustedes proveyeron el bosquejo, el proceso, y los testimonios. Sus experiencias como facilitadores de las conferencias Hechos 2 con decenas de las iglesias ha cambiado la teoría en resultados probados.

A la iglesia First Assembly of God en North Little Rock, Arkansas, gracias por su paciencia y apoyo. Ustedes fueron el laboratorio para los principios de este libro y el testimonio de que el modelo bíblico Hechos 2 puede facilitar en el desarrollo de una iglesia saludable, vibrante, próspera y enfocada en misiones.

Al pastor Rod Loy, gracias por tu ayuda para desarrollar, descubrir, y discernir muchos de estos principios mientras trabajábamos juntos como miembros del equipo pastoral de First Assembly of God en North Little Rock. Su visión entusiasta y contribución hizo posible un modelo para *conectar, crecer, servir, ir,* y *adorar.* Como sucesor de mi liderazgo en la iglesia de Little Rock, has demostrado que el fundamento que ayudó a desarrollar fue suficientemente firme como para sobrellevar cimas más altas de la que ninguno pudo haber imaginado.

A Jackie Chrisner y Kristen Speer, gracias por ayudarme a mantener el rumbo y a atar los cabos sueltos. Este proyecto comprende muchos detalles, y nunca hubiera podido realizar todo sin la ayuda de ustedes.

Al equipo de editores, gracias por creer que este libro puede ayudar a otros líderes para desarrollar y dirigir las iglesias en el poder del Espíritu Santo.

ACERCA DEL AUTOR

Alton Garrison sirve como asistente del superintendente general de las Asambleas de Dios. Además, se desempeña como director de la Iniciativa de Multiplicación de la Iglesia, que ayuda a las congregaciones a renovar su vitalidad espiritual y alcanzar su pleno potencial en el Reino.

Garrison sirvió como director ejecutivo de Misiones E.U.A. desde 2005 a 2007, como superintendente del Distrito de Arkansas desde 2001 a 2005, y como pastor de First Assembly of God en North Little Rock, Arkansas desde 1986 a 2001. A través de su labor pastoral, First Assembly experimentó un crecimiento espiritual, numérico, y financiero significativo. Durante 1996, dirigió a la iglesia en un año que dedicó específicamente a las misiones, y la iglesia ofrendó 1.4 millones de dólares a la obra misionera en el mundo y en los Estados Unidos. Garrison sirvió también como evangelista desde 1968 a 1985.

Además, es presidente de las iglesias pentecostales carismáticas de Norteamérica y el fundador asociado del consejo de Empoderamiento 21 de los Estados Unidos de América.

Garrison y su esposa, Johanna, tienen una hija, Lizette y un nieto. Él es autor del libro *La iglesia de Hechos 2*. Johanna Garrison escribió el libro, *Tangled Destinies* [Destinos ligados] un relato de las circunstancias que su familia enfrentó durante el holocausto Nazi y una revolución en Indonesia, y más tarde como inmigrantes en los Estados Unidos.

Alton y Johanna residen en Springfield, Missouri.

UNA VIDA EN EL PODER DEL ESPÍRITU

DESCUBRA LA VIDA TRANSFORMADORA QUE DIOS DISEÑÓ PARA USTED

Muchas veces creemos que vivir para Cristo es un proyecto para el cual no contamos con ayuda. Sentimos que debemos llevar nuestra propia carga no importa cuan pesada o cuan frágil sea nuestra espalda. Sentimos que debemos vivir de acuerdo a nuestro «potencial personal». Si busca esa frase en internet encontrará una lista interminable de enlaces. Sin embargo, esta búsqueda de poder personal es vana. Nunca podremos obtener suficiente poder para dirigir nuestra vida y sus desafíos por nuestros propios medios. ¡Necesitamos el poder sobrenatural del Espíritu Santo!

Deje de buscar poder en los libros, en programas o en las charlas de expertos populares. Si emplea diez minutos diarios en los próximos cuarenta días para leer los cortos capítulos de *Una vida en el poder del Espíritu*, aprenderá lo que significa experimentar poder verdadero. Descubrirá una nueva manera de vivir.